山东建筑大学博物馆系列文化丛书

主编　王崇杰

记住乡愁——山东乡情展馆

曲洪祎　编著

山东人民出版社

国家一级出版社　全国百佳图书出版单位

总 序

“大学之道，在明明德，在亲民，在止于至善。”大学，无论溯源至中国古代的“太学”，还是寻根至欧洲中世纪的“神学院”，从其诞生伊始，即伴随着历史的脉络承继而成为文化的渊薮与高原所在。

一所有内涵有抱负的大学，应有其自觉的文化担当、自信的文化包容和自强的文化辐射，这种自觉、自信和自强，见之于历久弥新的精神传承，显见于古朴的古树老屋，当然，也可能撒播于校园课堂间的高者阔论。这些，众多大学有之，而有着历史厚重感的老校、名校更蔚为壮观。

芬兰建筑师埃利尔·沙里宁说：“让我看看你的建筑，就能说出这个城市在文化上追求什么。”走进一所大学，洞察建筑，从中亦可望其抱负和内涵。山东建筑大学岁有甲子，新校启用虽壹秩有余，但移步于校园中，“新老”建筑交相辉映，相得益彰，文化气息扑面而来。沿校园雪山东麓看去，有百年老别墅、德式老房子、全木质流水别墅、胶东原生态民居海草房、泰山地区传统民居“岱岳一居”、铁路文化园等。每一栋古建筑都是一处“活着的博物馆”，基于学科及文化内涵，这些老房子已相继开辟为“建筑平移技术展馆”“地图地契展馆”“木结构展馆”“山东民居展馆”“山东乡情展馆”“铁路建筑展馆”等，成为建大风景线上一条串缀而成的项链。这一系列博物馆，实现了文化实体与育人载体的最大结合，是建大人着力推进全方位育人的心力之作。目前，山东建筑大学系列博物馆已列入山东省博物馆规划。

博物馆群中的老建筑从历史中走来，新建筑则向历史走去。传播文化，留住记忆，是建大人的职责，也是建大人的情怀，这也是我们编写这套丛书的目的所在。

山东建筑大学博物馆系列文化丛书编委会

2015年10月

代 序

感受乡村的文化给养

乡村，是随着城市化进程衍生的区域概念。某种程度上讲，乡村，镌刻着人们走过的时代与文化印记，指引着我们心灵的成长与成熟，可谓乡愁的归宿。我们建筑人，不但关注建筑的本体功能，更关心建筑的“温度”，即其本身所承载的历史与人文风情。近年来，城市化进程加快，使越来越多的人在现代城市生活的愿望成为现实，与此同时，我们也不无遗憾地看到乡村的范围正在缩小，一批传承千载、文化厚重、底蕴深沉、特色鲜明的古村落正在变成空心村，在时间的演进中淹没于荒山杂草间。相伴于乡村的那些文化传统、风俗，也正在被所谓全球化、知识化、娱乐化的周遭所吞没，这是很令人痛心的！

习近平总书记在中央城镇化工作会议上提出：新型城镇化过程中要“记得住乡愁”，依托现有山水脉络等独特风光，让城市融入大自然，让居民望得见山、看得见水、记得住乡愁。这是习总书记立足于传承中国传统文化的战略高度，为推进新型城镇化建设做出的战略指引。

在新型城镇化过程中，接近一半的农村将要消失，而农村传统文化是中国基层社会的根，记住乡愁、留住优秀的传统文化，是当代人的历史责任。2014 年，山东省在全省范围全面开展“乡村记忆工程”，留住齐鲁特色乡愁，传承地方历史文脉。“乡村记忆工程”是“记得住乡愁”“留得乡情”的载体工程。齐鲁文化历史悠久、内涵丰富，不同地域有着风格迥异、丰富多样的生活传统、劳作民俗、民间习俗、宗教信仰、建筑风格等，乡土传统文化遗产的存量丰富，保护传承意义重大。在这一过程中，山东建筑大学充分依托学校在建筑学、城市规划、建筑遗产保护、民俗学等领域的人才集聚优势，积极为山东省“乡村记忆工程”提供决策咨询、方案论证等支持，参与实施了一大批传统村落保护工程的规划设计等工作，出版了系列具有技术标准的著作和教材，得到了山东省文化厅、济南市文化局的充分肯定。2016

年，山东建筑大学被国家文物局定为全国乡土文化遗产重点研究基地。

早在2012年，山东建筑大学就对济南南部泰山山脉的于家盘村濒临消失的原生态石砌民居进行了异地重建，并进行了保护性优化设计，建成的有岱岳一居等。岱岳一居是山东典型的传统石砌民居，以当地木鱼石和黄百草为墙体及屋面的主要材料。经过精心策划，学校决定以岱岳一居为载体，使山东乡村记忆实体化，辟建了山东乡情馆。在山东乡情展馆的筹建布展中，学校既在堂前屋后布置了丰富的乡情记忆元素，又在营造及布展中彰显了建筑元素，既着眼于对山东17市地域文化的集中展示，又立足于师生在建筑遗产保护研究领域学术成果的凝练提升，既为社会大众记住乡愁、感受乡情打开了“一扇窗”，更为建大学子的专业成长与文化陶冶开启了“一扇门”。

我们寄希望于山东乡情展馆的建设，能够尽可能多地保留一些“乡村记忆”，让人们发现传统民居所蕴含的文化遗产，关注传统文化和民俗研究，挽回逐渐消失的乡村情怀。

借此体悟，是为序！

山东建筑大学党委书记 王崇杰

2016年11月

目 录

四、节日——山东传统岁时节日 / 115

一 山东乡情展馆

（一）山东乡情展馆的由来

习近平总书记指出，建设中国特色新型城镇化，要体现尊重自然、顺应自然、天人合一的理念，依托现有山水脉络等独特风光，让城市融入大自然，让居民望得见山、看得见水、记得住乡愁；要融入现代元素，更要保护和弘扬传统优秀文化，延续城市历史文脉。山东省委、省政府根据中央精神，提出了山东省城镇化发展的主要任务：推动文化繁荣发展，突出城乡风貌特色；突出城镇文化特色，打造城镇品牌，提升城镇品位；注重城镇和村落的历史文化遗产保护、非物质文化遗产发掘保护和民间艺术传承，弘扬传统文化和地域文化特色，提升城镇村落文化内涵，彰显山东民俗文化魅力。并于 2014 年启动了由山东省委宣传部、山东省文物局等 9 部门联合开展的“乡村记忆”工程。

在此背景下，山东建筑大学发挥学科优势，在原岱岳一居的基础上建成山东乡情展馆。岱岳一居本身就是一座建筑博物馆，具有泰山余脉山村民居的特点。岱岳一居建于 2011 年，由济南市供电公司资助，山东建筑大学建筑城规学院教师设计，其形制取自济南市长清区崮山镇于家盘村的传统民居。岱岳一居是在原民居的基础上，扩大了院落及各房屋的空间尺度，并新建倒座房，形成了山东地区典型的四合院格局。这一传统石砌民居对于我们研究山区民众如何遵循因地制宜、就地取材的原则营建宜居的环境，具有重要意义。特别是在中国其他一些地方传统石砌民居越来越受重视且已被保护的情况下，具有山东地域独特文化特征的泰山石砌民居的研究工作需要积极推进。

岱岳一居的设计及营建秉持了山东建筑大学绿色校园的理念，对绿色大学校园景观类建筑的设计模式与策略进行了探索。为了保障房屋的坚固及安全，同时保留传统民居的风貌，岱岳一居以条石为基，以钢筋混凝土框架结构作为结构承重体系，以水泥砂浆垒砌木鱼石墙体，并于外侧留缝。房顶采用现浇钢筋混凝土坡屋面，以黄百草苫房，加强了房屋的保温性能。岱岳一居的建材主要是木鱼石，且石砌外墙较厚，能够起到保暖的作用，再加上房屋空间尺度的扩大，院落布局开敞，从而获得了充足的日照。

岱岳一居在布局和朝向方面有利于夏天的通风，同时其山墙沿用传统民居的“透风儿”，实现了房屋内外空气的交换，达到了调节室温的目的；窗户采用传统民居的木窗棂遮阳，以免房屋内因太阳直射而使室温升高，保证了夏季室内的清凉。倒座房不仅增加了展陈空间，也能阻挡冬天寒冷的西北风的侵袭；同时增加南向开窗，减少北向开窗，从而减少了室内热能的损耗。

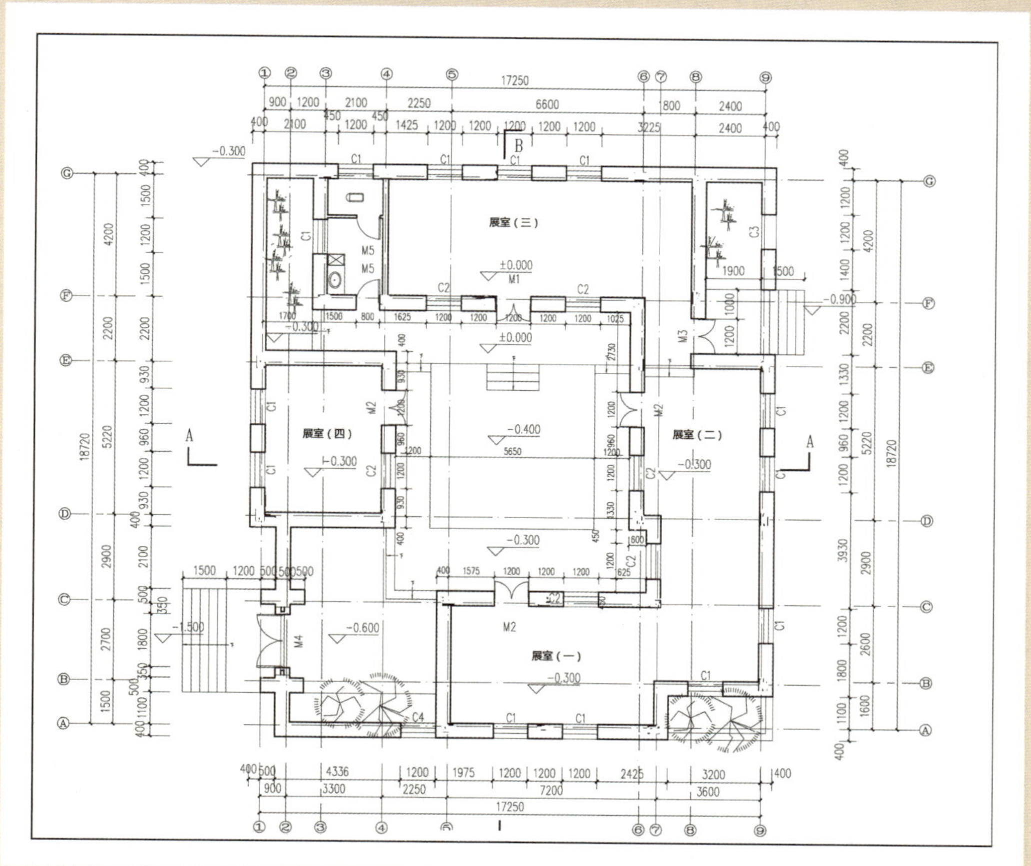

山东乡情展馆 · 平面尺寸图

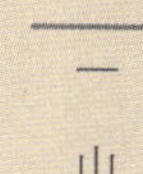

山东乡情展馆近景（张仁玉　摄）

山东乡情展馆·木鱼石墙体、木棂窗、山草房顶（曲洪祎　摄）

山东乡情展馆俯瞰（山东建筑大学飞虎创意航拍工作室提供）

（二）山东乡情展馆的展陈内容

山东乡情展馆开辟了五处融合于建筑本身的展示空间，即周围环境及院落展示空间、正堂展厅、村落与民居展厅、非物质文化遗产展厅和学术研究展厅。

展馆的周围栽有颇具寓意的树木。房前栽杏树，寓意幸福临门；房后栽香椿，寓意长寿；房屋西侧栽柿子树，寓意事事如意。这些都反映了民众对于理想人居环境的向往。在大门处置泰山石敢当，用以镇宅。门楣上贴门笺，门板上贴春联，体现了山东地方的年俗。院落里展示了与生产相关的农具以及与营造相关的建筑工具，从生产工具的角度反映了民众的生产方式。

山东乡情展馆周围环境（曲洪祎　摄）

山东乡情展馆·大门（曲洪祎　摄）

山东乡情展馆·镇宅的泰山石敢当及木鱼石墙体（曲洪祎　摄）

山东乡情展馆·院落及农具（曲洪祎　摄）

正堂展厅主要展示了20世纪五六十年代富裕之家的客厅形态。一进正堂门，靠墙处摆放着长条横案，条案上放座钟，两侧放帽筒，再两侧放镜子与花瓶。镜子、花瓶与钟，寓意“终生平静”，表现了民众对于美好生活的祈望。花瓶内放鸡毛掸子，旧时鸡毛掸子常是家长执行家规家法的用具。条案的上方挂有中堂画——松鹤延年图，两侧配对联“仁爱永寿比松鹤，礼仪传家葆福祥”，体现了平民百姓对于家庭伦理的重视及对福寿安康的追求。条案的前方摆一方桌，亦称八仙桌。方桌两旁是靠背椅，俗称“太师椅”。八仙桌上摆茶具，以备待客之用。东墙上挂家堂，反映了民众对于慎终追远的郑重。其他的还有20世纪五六十年代的各类奖状、画报，更多地体现了那个时代的特点。

山东乡情展馆·正堂展厅内景（曲洪祎　摄）

山东乡情展馆·正堂墙上的老奖状（曲洪祎　摄）

村落与民居展厅主要以展板的形式展示了山东境内的传统村落与民居。首先追溯了山东村落与民居的历史，描述了山东先民在后李文化、北辛文化、大汶口文化、龙山文化时期营造的民居及聚落形态；然后介绍了山东的基本概况，并对齐鲁文化进行了分类，总结了泰山文化、海洋文化、黄河文化、运河文化等文化类型的特征；接着探讨了山东村落与民居遵循的选址原则；最后以图文并茂的形式展现了山东境内的传统城市民居、鲁西南平原地区民居、鲁中山区民居、胶东沿海民居和近代城市里弄民居等，人们从中可以领略山东各地典型的古村落、古街坊、古建筑、乡村风貌及乡情乡风。

山东乡情展馆·村落与民居展厅内景（曲洪祎　摄）

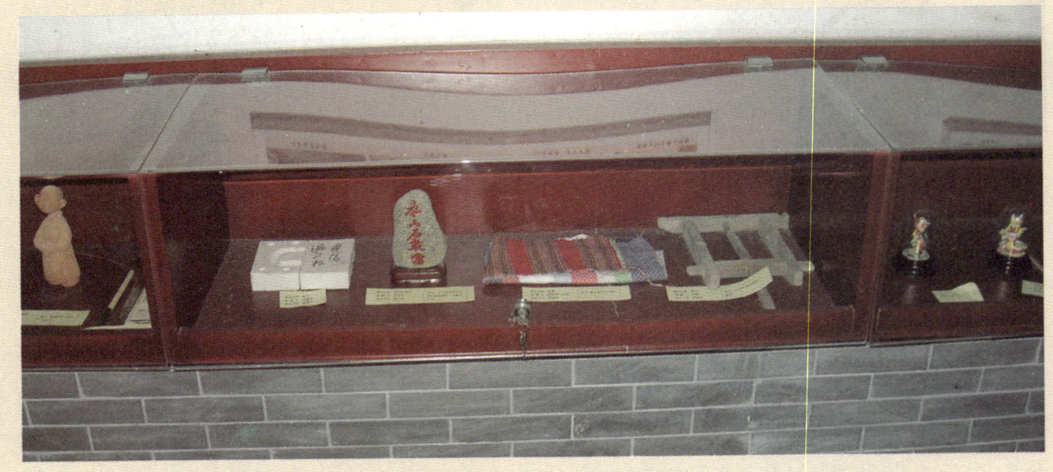

山东乡情展馆·村落与民居展厅的展陈（郭晓宁、史天思　摄）

非遗展厅展示了山东范围内的非物质文化遗产，主要以民间工艺为主。胶东花饽饽造型美观，品种多样，色彩鲜艳；潍坊杨家埠木版年画想象力丰富，色彩艳丽，对比强烈，具有喜庆的气氛；高密剪纸构思精巧，线条挺拔，剪趣浓厚，具有乡土气息；高密扑灰年画工艺精湛，造型简练，格调清新，富有生活意涵。此外还有潍坊风筝、泰山皮影、聊城刻葫芦、博山琉璃、烟台花边等。这些丰富多彩的山东传统社会民间工艺，不仅具有实用功能，更具艺术魅力，反映了山东地区的传统生产与生活方式以及民众的精神面貌。

山东乡情展馆·非遗展厅内景（曲洪祎　摄）

山东乡情展馆·烟台花边（郭晓宁、史天思　摄）

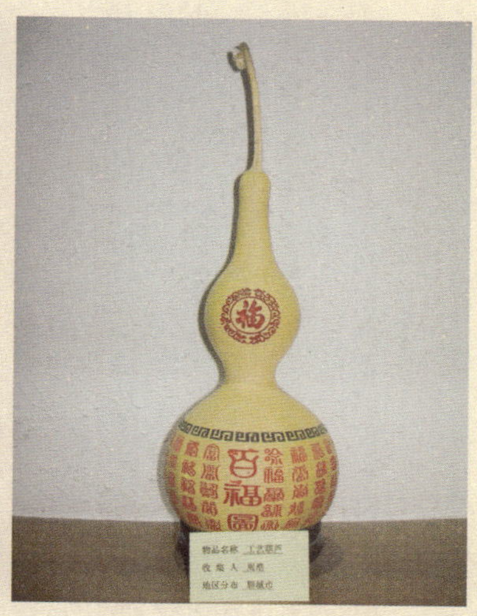

山东乡情展馆·聊城葫芦（郭晓宁、史天思　摄）

山东乡情展馆・龙头蜈蚣风筝（曲洪祎　摄）

学术研究展厅集中展示山东建筑大学几代学人，如张润武、王中、高宜生、姜波等人的学术研究成果，以及学校开展的学术交流、学术宣传等方面的影像资料。同时展示了山东建筑大学正在开展的工作，如村落普查、古建筑维护、农村传统建造技艺的发掘与整理、新型城镇建设及村镇发展规划等。

山东乡情展馆・学术研究展厅内景（曲洪祎　摄）

山东建筑大学民居研究团队部分成果

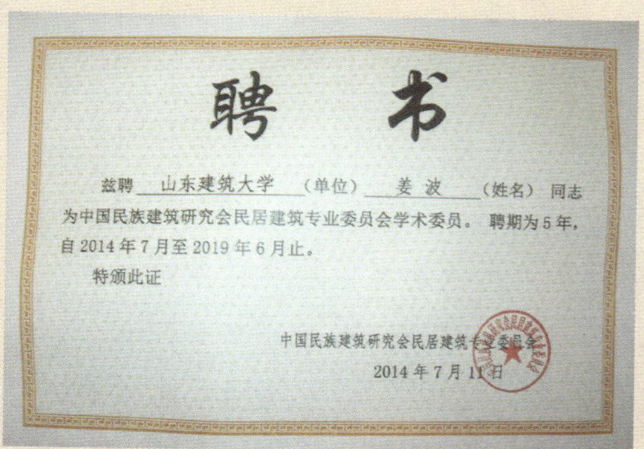

聘　书

兹聘　山东建筑大学　（单位）　姜 波　（姓名）同志为中国民族建筑研究会民居建筑专业委员会学术委员。聘期为5年，自2014年7月至2019年6月止。

特颁此证

中国民族建筑研究会民居建筑专业委员会
2014年7月11日

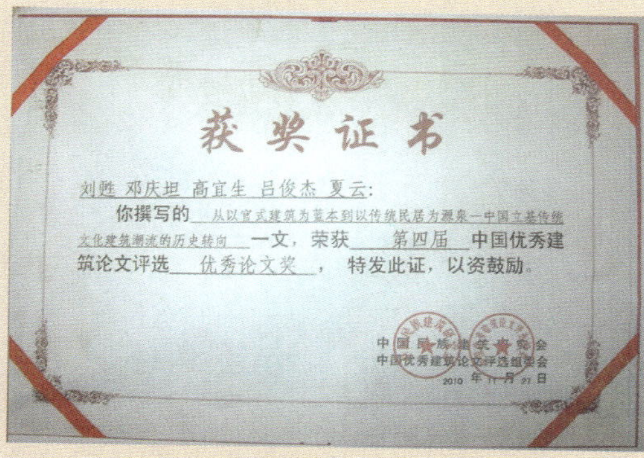

获奖证书

刘甦 邓庆坦 高宜生 吕俊杰 夏云：

你撰写的　从以官式建筑为蓝本到以传统民居为源泉—中国立基传统文化建筑潮流的历史转向　一文，荣获　第四届　中国优秀建筑论文评选　优秀论文奖　，特发此证，以资鼓励。

中国民族建筑研究会
中国优秀建筑论文评选组委会
2010年11月21日

山东建筑大学民居研究团队的社会影响

山东乡情展馆不仅带人们找寻远去的记忆，而且兼具文化溯源、文化教育、文化传承、文化审美、文化归属等方面的功能。具体而言，文化溯源就是呈现给我们中国传统社会的历史面貌；文化教育就是使我们的青年学生从中接受教育，学习知识，端正价值观、世界观与人生观；文化传承就是延续我们民族的历史文脉，传承中国优秀的传统文化；文化审美就是抵制低俗趣味，提升我们的审美情趣与道德情操；文化归属就是增加我们对民族文化的认同感与自信心，增强我们的民族凝聚力。

山东乡情展馆承载了人们的记忆，承载了几多乡愁。乡愁是什么？是每个人心中的结，“是一棵没有年轮的树，永不老去”。

二、家园

——山东传统村落与民居

山东位于我国东部沿海，自西而东的汤汤黄河水逶迤万里从这里奔向大海。山东历史悠久，是我国古代文明的发祥地之一。在远古时期，山东地区为东夷各部族所控制。西周时，山东境内有两个当时最大的分封国——齐国与鲁国，两国因其在政治、经济、文化领域内十分发达而扬名于海内，对中国古代历史也产生了重大的影响，故后世称山东为“齐鲁之邦”。

“山东”这一名称由来已久。早在春秋战国时期，“山东”一名即已出现。其时，秦国据守关中，六国则均在秦国以东，人们通常以崤山以东的六国之地称“山东”，“山东”遂成为地域名称，只是它所指代的范围相当广大，并非今天的山东。直至秦汉时期，实现了国家的疆域、政治、经济、文化大一统之后，“山东”所包括的地域范围才逐渐缩小。到唐朝和北宋时期，“山东”则指太行山以东的地区。唐朝末年、五代以来，就有人用“山东”专指齐鲁之地。明朝时，山东正式成为行省名称。古人常以左为东，故又雅称山东为“山左”。

山东向以“齐鲁之邦，孔孟之乡”闻名于世。有学者把山东在地理环境方面的特征归为两个独特的对象，即泰山和大海，认为齐鲁文化具有山的性格和海的胸怀。无论是齐、鲁文化，还是山、海文明，一直在向着相互融合的方向发展。齐地化礼成俗，无为而治，鲁地以礼易俗，广兴教化，方法的不同并不能改变基本内容的一致。孔子谓“齐一变至于鲁，鲁一变至于道”，这是关于齐鲁文化殊途同归的一个基本概括。山东之所以能够诞生齐、鲁文化，并表现出其自身的多样性、地域性，是与山东的自然条件和地理环境分不开的。

山东地处北温带，春秋短暂，气候温暖湿润，雨量集中，降水多在炎热漫长的夏天，降水量从东南到西北逐渐递减。山东半岛有曲折绵延3000多千米的海岸线。山东省的地理环境十分优越，既有陆路，也有海路，这种优越的地理环境有利于社会经济及思想文化的交流和发展。

山东省的地形特点：省境内中部为山地，明显突起，是为鲁中山地丘陵区；西北、西南地势低洼平坦，属于华北冲积平原的一部分，是为鲁西北平原区；东部是丘陵地带，跌宕起伏，形成以丘陵为骨架、平原盆地交错其间的地形，是为鲁东丘陵区。泰山雄居境内中部，主峰海拔1532米，为全省最高点。

山东省介于北纬34°～38°、东经114°～122°之间。全省南北宽400多千米，东西最长达700多千米，因此山东自然地理的东西差异远比南北差异明显。山东西靠大陆，东临大海，水平地形可分为大陆和半岛两部分，半岛地区受海洋的影响较大，这也是造成齐、鲁文化差异的基础条件。自古齐地“因其俗，简其礼”更多地继承了东夷的文化传统，较少受周朝礼制的束缚，其通商惠工、尊贤尚功，更带有商品经济的色彩；鲁地则试图用周礼来替代原有的文化传统，其敦本抑末、崇礼重教，更带有自然经济的色彩。

受自然地理、社会人文和地域民族等因素的影响，山东的村落和民居呈现出了多样化的特征，地区间差别显著，地域特色突出，成为博大精深、源远流长的山东文化的重要组成部分。

（一）村　落

村落或村庄，通常指自然形成的以务农为主的人们聚居的场所。在古代中国，农业文明占主导地位，农村居民占绝大多数。村落的最大特点是居民以土地为生产对象，“靠天吃饭”是村落的真实写照。村落是人们聚居的主要形态，是人类历史文明的载体，体现着文化的传承。早期村落的形成主要由自然地理条件决定，人们通常在土地肥沃、气候适宜、有着满足需要的水源且资源较为丰富、交通方便、生活安全的地方居住下来。随着人口的不断增加，聚落逐渐扩大，便形成了各种类型的村落。

山东村落多聚集一处，散居的情况很少，房屋多毗邻，左邻右舍接连山墙，对户而居只隔一街。平原要道往往有千户大村，例如济南章丘的三德范村，几个自然村相连，村域面积达 14 平方千米，常住人口超过 6000 人。

乡村风貌・龙家村（宋晋　摄　金文妍　提供）

1. 山东村落类型

影响村落类型特征的因素有很多，例如自然环境、生产方式、社会文化等。山东的村落，按照生产生活方式的不同，可分为以农业种植为主的农村、以渔业为主的渔村、以山地林牧或农作物为主的山村等。自从改革开放以来，山东农村发生了翻天覆地的变化，第二、第三产业在农民的收入中占很大的比重，经济的发展已经改变了传统村落的生产生活方式。我们通常按照村落的家族情况，将村落分为单一家族村落、亲族联合体村落、杂姓聚居村落和特殊类型村落等。

单一家族村落，最初是一家一户的定居，后来才发展成大家族，进而分户分家，终于成为一个村落。在潍坊安丘景芝镇的西于戈村，明朝洪武二年李姓四兄弟迁居到此地，“老大没有后代，老四去了河南南阳”，其他两支留在此地定居，至今已近20代。在该村的总人口中，李姓占80%，其他较大的姓氏有张、赵、高、刘等户，大多也是村里原先养老女婿入赘落户于此的。21世纪初，淄博沂源还有极少数的单姓村，例如只有24人的石桥乡前沟村为张姓单姓村、仅8人的鹁鸽巷村为王姓单姓村。济南历城傅家庄，清朝末年建村，全村60多户均以傅为姓。

亲族联合体村落，是由姻亲关系联结起来的几大家族村落。例如，潍坊安丘的石家庄，整个行政村包括石家庄、李家园、马家庄等三个自然村，其中以吴、石、王、李姓氏为多，村落内部通婚较多，据村民的估计，约有两成是在村内婚配的。这样的村落中，每个家族间多有亲戚关系，能排起行辈，有时亲上加亲，辈分错乱，只好各论各亲，但有“灭亲不灭族”，即以家族行辈为主的说法。

杂姓聚居村落，是由大部分原来无亲族关系的多姓家族结成的村落，是典型的以地缘关系为纽带的村落组织。在山东，靠近城镇、交通要道的地方往往形成这样的村落。烟台龙口的林家庄、小栾疃上溯四五代，村民来自70多个县，每村有十几个姓氏，属于典型的杂姓聚居村落。

特殊类型的村落，首推潍坊青州城北的北城村。该村原是清朝“青州驻防满洲旗城”，雍正十年（1732）旗兵自北京经德州等地调集到青州。清朝覆亡之后，旗城逐渐衰落成为当地的村庄，但是村落仍是满族聚居的地方，村内的语言、风俗习惯等都保留着满族特色。

2. 村落选址

传统中国安土重迁，因此人们在择地而居时，较为慎重。村落选址主要考虑村落的生存与发展，即子孙后代能够繁荣富足地生活。在古代，生产力不发达，科学不昌明，往往将村落选址归结为风水。

所谓风水，就是对于人们居住环境的考察，主要的评价标准是居住的环境能否“聚气”。风水学说有着浓厚的封建迷信色彩，但其思想也包含着科学道理。理想的风水其实也是人类宜居之地。理想的风水格局，一般要求房屋坐北朝南，房屋后面要有山，因为高山可以阻挡寒冷的北风；房屋南边要有环抱房屋的河流，这样可以提供便利的水源，同时当遇洪水时，又不至于冲刷居住之地，以免水灾水患之虞；房屋应处在树木和小山的掩映之下，房前平坦开阔，这样的居处既能保证安全隐蔽又不会交通不便，也便于生产劳作。用风水的话语系统讲，就是人们居住的地理环境能够包、围、拱、绕地“聚气”。

建于山脚下的村落·宋家（宋晋　摄　金文妍　提供）

因此，中国村落选址简而言之是一个后有靠山、前有流水、形局完整的地方，村落所倚之山应该来脉悠远，起伏蜿蜒，成为一村“生气”的来源。济南章丘的杨官庄就比较符合风水原则。从其村址、地形、地貌来看，正北面长白山发脉，龙势时隐时现，委婉而来，在村南龙势停蓄。庄前开阔，官道河从村南蜿蜒西流。村落远眺四季峰，青龙山如屏障列前。整体上，村落形局完整，山环水抱。在《杨氏世谱》中记载：“自正北长白山发脉，龙势时隐时现，委婉而来。……是山势则天造地设，水法则源远流长，故吾族绵远悠久五百余年。”明清时期，杨官庄地处淄川、邹平、章丘三县交界之处，并且西临普集集市，东靠淄川王村集市，东去直通周村，区位优越，交通便利，环境宜人，景色优美，恰合传统村落的选址要求。

3. 村落命名

山东村落的命名多种多样，反映了山东深厚的历史文化和民俗传承。村落一般称“村”“庄”“疃”“囤”“夼”等，如张家村、马各庄、小栾疃等。“疃”作为地名，用字历史悠久，普遍应用于胶东地区，例如烟台龙口的闫家疃、申家疃等。鲁西南地区的一些村落地处两山之间的平地，也使用“疃”命名，例如曲阜的中疃、疃里等。总而言之，山东农村地区村落的命名有下面几种类型：

潍坊高密聂家庄·村碑上的村名（叶涛　摄）

一是以姓氏为村命名的，例如潍坊高密的聂家庄、济南历城的傅家庄等。由于村落的变迁，命名村庄的姓氏不一定占人口多数，甚至村中已经没有了最初建村的姓氏。如济南历城的田庄，现今村中的主要姓氏有杨、张、刘、周四大姓，田姓只占了一小部分。

二是以自然地理环境命名的，例如淄博

淄川的南峪村。“峪”即山谷，作为地名用字，普遍用于鲁中山区。这类村庄也较多，如枣庄山亭的红山峪等。在山东黄河及其支流流经的地方，许多村落处于涝洼地区，因此村落多建于土台之上，故以堌堆命名，如菏泽定陶的王堌堆、苗堌堆，济宁梁山的赵堌堆、前青堌堆。

淄博淄川南峪·村碑上的村名（曲洪祎　摄）

三是以村内的建筑物命名，例如烟台龙口的天官庙，淄博沂源的石桥村、石楼村。在潍坊青州的井塘村，村中有一眼清泉，常年不涸，四季长流，后村民整建为井，遂取村名井塘。村里百姓常说“先有井塘，后有井塘村”。

村名在历史发展中也会有所变更。有的因村名不雅、不吉而变更，例如济南章丘的三德范。据记载，三德范古称“三队反”“三敌反”“三坠反”“三推饭”。

潍坊青州井塘村·井塘（选自《玲珑山下井塘村》，第13页）

据清中晚期村内名士张鉴记述，此地因遭灾，向知府呈文要求赈济，知府见“三队反”之名大为不雅，遂将“三队反”改为“三德范”。清道光二十三年（1843）重修禹王庙碑记上首见“三德范”之名。有的村名因受社会政治的影响而变更，如烟台龙口的常伦庄。常伦庄原名叫孙胡庄，明朝永乐年间，孙、胡二姓先后迁此居住，遂取名孙胡庄。在抗日战争时期，出生于该村的山东军区一等战斗英雄任常伦在栖霞长沙堡战斗中光荣牺牲，为此当地政府于1945年批准孙胡庄更名为常伦庄。

4. 村落布局

村落的布局不是一蹴而就的，都会几经变迁，特别是在生产方式转变或人口大量增加后会产生较大的变化。

在山东平原地区，地势平整、开阔，房屋坐落方向的选择受自然条件的影响。山东地处北温带，四季分明，人们普遍选择坐北面南的房屋朝向。其中蕴含科学的道理是，山东冬季北风多，朝南能够充分吸收光照，而减少北风带来的寒冷；夏天南风多，面南也可以接受较多的凉风。山东境界内，村庄房屋的排列，多数是坐北朝南，出大门有大道，交通便利，所以村中大街道一般为东西向，大的叫“街”“街道”，小的叫作“巷”“胡同”“夹道”“过道”等。

平原村落·高家庄（闫瑞红　摄　金文妍　提供）

旧时，山东农村大都建有庙宇、戏台等，这些地方往往成为村落的公共区域。而今，很多农村社区都建有公共广场，成为人们聚散的地方。

因地制宜是古人在建设家园的过程中总结出的宝贵经验，地理环境较为特殊的村落往往因地制宜地展开布局。在山区，村落依山而建，高高下下，错落有致；为便于开垦田地，在山谷两旁的山坡上形成了很多小山村。例如淄博沂源的中庄乡，有一条长四五里的山谷，形成了许桃峪、于桃峪、王桃峪三个村落。这样的山村，多建于宽阔且避风朝阳的山坳里或山坡上，有沟、泉作为水源。村内建房多顺山势，不会为了房屋的坐北朝南而横截山梁。

济南历城黄巢村·戏台（曲洪祎　摄）

济南历城田庄·广场（曲洪祎　摄）

在海岛渔村，地方狭窄，因此往往利用地形，选择面海背山。在威海海岛上的滏村，村内房屋多选择面海又避海风的地势而建，布局顺应地势，朝向有的并不坐北朝南，而且为利用有限的土地，房屋一般都是接山布局，即横向房屋间不留间隔，毗邻的两幢房屋山墙共用。出于防范海风及节省土地的需要，渔民的住房以聚居为主，很少散居，因此，沿街望去，一排排房屋连绵不断，起起伏伏，统一而又多变。

山村房屋布局·芍药山村（宋晋 摄 金文妍 提供）

威海荣成烟墩角·海边一排排的海草房（宋晋 摄 金文妍 提供）

在微山湖上，渔民世代以船为家，谚语云“一条小船扁担长，祖孙三代住一舱”。当地渔民的房屋就是这种生产、生活两用的“连家船”。每到夜间，“连家船”便按捕鱼工具组合成“帮”，有富裕的“网帮”、生活水平中等的“箔帮”及贫穷的“罱帮”，“帮”就是村。连家船相聚而泊，形成独特的水上渔村。渔村的选址也考虑各种因素，如风浪、渔业资源等状况。

微山湖船上人家（选自《山东省志·民俗志》，彩插）

5. 村史——祠堂与家谱

在中国古代，人们往往聚族而居，一个家族组成一个村子或几个家族组成一个村落，因此家族的历史也是村史。

（1）祠　堂

祠堂，也称家庙、祠庙、祠室、宗祠等，是家族成员祭祀祖先的场所，广泛地分布于全国各地。祠堂的产生与中国传统社会的祖先崇拜及宗族制度密切相关，其历史可以追溯到商周时期。祠堂大致经历了一个从社会上层到社会下层的发展过程。

在山东，明代已经有祠堂，如淄博淄川毕氏祠堂、青岛即墨杨氏承桂堂都建于明朝。清代康乾以后出现了更多祠堂。民国以来民间宗祠大量出现，《民国莱阳县志》载：“士庶皆有家庙，藏其先世遗像、谱牒、木主，以时致祭。”（《中国地方志集成·山东府县志辑 53》，凤凰出版社，2004 年，第 473 页）潍坊高密聂家庄旧时曾有祠堂，位于村东，坐南朝北，当地人称“影房”。当时的影房共有三间，正中一间的北墙上挂有家堂，称“影”或“轴子”，用来记录已亡族人的姓名。通常年三十挂上家堂，将一年内去世的人的姓名按支系添于其上，直到大年初三取下，称“落家堂”。祠堂除了用来祭祀祖先外，生子、婚嫁、科举等也在祠堂举行祭祖活动，也具备家族议事、后代教育、赈济等功能。

济南章丘西王黑村·靳氏宗祠（曲洪祎　摄）

（2）家　谱

家谱是家族共同体存在的文字形式，包括本族源流世系、族籍登记、先贤礼赞、界址墓图及族规家训等方面的内容。我国家谱的起源有几种说法，一说起源于周代，一说起源于战国秦汉时期，一说起源于宋代。总之，家谱历史悠久。

潍坊寒亭杨家埠《杨氏族谱》中记载了修家谱的目的：“宗谱之作示人知收族

之义也。人道亲亲，故尊祖；尊祖故敬祖，敬祖故收祖。治谱，收族之大者，可不务乎。”“族之有谱，上以纪祖宗功德，下以示子孙法守，必联通族为一体，庶可云无憾耳。”可见，家之有谱，有如国之有史，国之无史无以为后代鉴，家之无谱牒无以为后人之法。旧时修家谱通常是三十年续修一次，但因战乱或灾荒，加之几代无能人出现，常会耽搁。

潍坊昌邑西小章村・马氏族谱（叶涛　摄）

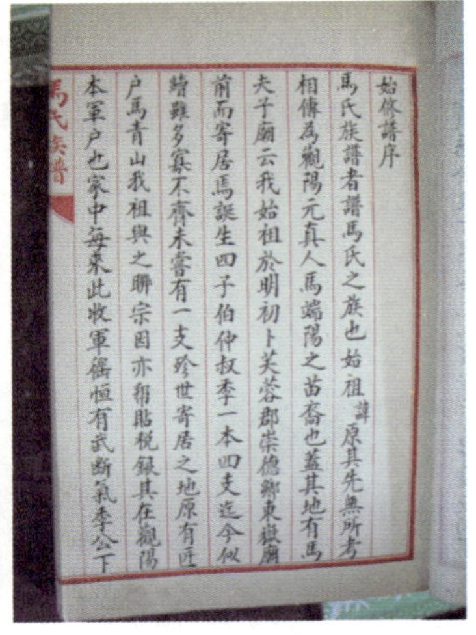

始修譜序

馬氏族譜者譜馬氏之族也始祖諱原其先無所考
相傳為觀陽元真人馬端陽之苗裔也蓋其地有馬
夫子廟云我始祖於明初卜芙蓉郡崇德鄉東嶽廟
前而寄居焉誕生四子伯仲叔季一本四支迄今似
續雖多寡不齊未嘗有一支殄世寄居之地原有匠
户馬青山我祖與之聯宗因亦幇貼税銀其在觀陽
本軍户也家中每來此收軍徭恒有武斷氣季公下

潍坊昌邑西小章村・马氏族谱序（叶涛　摄）

除了书于纸上的家谱外，还有在石碑上铭刻家族谱系或辅之以文字来记述家族历史和人物的，称谱碑。石谱不易损坏，能长期保存。潍坊青州井塘村三个家族均保留有各自的谱碑。

潍坊青州井塘村・孙氏谱碑（选自《玲珑山下井塘村》，第 34 页）

（二）民　居

山东境内的民居呈现多样化的特点，而各地民居又与当地的自然地理和谐统一、相得益彰。山东农村传统民居大部分是土木结构，从前很少有楼房，平房较多。平房结构一般有墙体、柱子、基础、地面、房顶、门窗及内外装饰等。传统民居的结构方法是以梁、柱为骨架，用以承担屋顶的荷载，这种结构方法流传很广。在建筑材料、建筑方法的使用方面多因阶层而不同，因贫富而悬殊，并有地方特色。

旧时，一般人家的屋墙用土坯建造，在山区采用石料建房的为多；院墙则通常是以草筋泥黏合土坯筑成；房顶多用草铺，沿海一带以海草为主，平原、山区则以

威海荣成龙家村·海草房（宋晋　摄　金文妍　提供）

潍坊寒亭杨家埠砖雕（选自《民间手工艺术·山东卷》，第 94 页）

麦秸、山草覆顶。草房者，草顶无瓦，纯土墙或砖石基土墙，均以圆木做梁檩，秫秸为盖，稀泥抹顶，屋脊隆起，木板门两扇，木棂窗九棂，室内光线暗淡，气流不畅，却有冬暖夏凉的优点。三间屋两架梁，成三角形结构，一般每间用五条檩，梁头有立柱或砖支撑，这样有“墙倒屋不倒”的特点。只有富裕人家才有财力盖起瓦房。乡间富裕大户，旧俗以传统的四合院居多，房子以石砌基，通体青砖墙，青瓦房顶。山东旧时保存下来的瓦房檐头、脊头、山墙等处往往有砖雕装饰，瓦头亦多制花纹，连烟筒也造得很讲究。

新中国成立之后，随着经济条件的好转，农村居民陆续翻盖旧房或建新房。建房的材料较之以前发生了很大的变化，房子多采用砖木水泥结构，青瓦覆顶。20 世

山东农村的别墅·东宋庄别墅（闫瑞红　摄　金文妍　提供）

纪 60 年代之后，住房由村镇统一规划，在指定地点，每户盖正屋三间或五间，独门独院。院落房舍布局仍随旧俗，四邻大同小异。像潍坊安丘景芝镇西于戈村，在 20 世纪 70 年代时，由于潍河水泛滥冲毁了房屋，村镇对居民的建房做了统一的规划，包括房屋多高、院子多大、建房几间等。改革开放以来，随着人们生活水平的提高，居民住宅注重宽敞、明亮、实用。潍坊寿光东岔河村，1976 年开始建瓦房。20 世纪 80 年代以后，由于农民承包盐滩，慢慢富裕起来，开始大规模建瓦房，瓦房院落较大，规划得一律坐北朝南，而且房屋的格局也非常相似。

总之，山东农村居住情况变化很大，除了少数边远山区外，新中国成立前的老房子已经很难见到了。其原因有二：首先，除山区外很少有石头房子，乡村大部分是土坯、砖木结构的房子，极容易毁坏，房屋的耐久性差；其次，改革开放以来，山东农村地区居民的生活水平大大提高，百姓生活富裕，房屋翻旧盖新日益增多，新房追求美观、大气、舒适，体现了时代特征。同时，农村居民眼界开阔，受城市居住方式影响较大，像潍坊寿光羊口镇的别墅住房，与城市住房已无区别。

1. 门　户

(1) 宅　门

山东民居多为三合院、四合院，以院墙封闭，进出通过宅门，有的在后院又开后门。宅门，又称街门、门楼，古人说“宅以门户为冠带”，说明宅门对于民居的重要性。山东民居的大门往往设于院落中轴线偏左，即坐北朝南院落的东南角。民间有“东南大门，西南圈，进

潍坊寒亭杨家埠·门楼（叶涛　摄）

门就吃饭”的说法。当然，宅门开设的位置因地制宜，讲究不一。有的民居大门开在了两个院落的中间，例如在鲁西南微山湖地区；有的因条件有限，将大门开在了侧边的院墙上；而在偏远乡村或贫困之家，大门更是简单，只以荆条、树枝之类编成柴门。

宅门通常由门框、门楣、门扇、门槛等组成。门框设在中心檩下或二道前檩下。门框上横置门楣，其上设两个或四个门簪。门楣上做门头板，门头板上写吉祥语，如吉星高照、旭日东升、福禄财寿等，有的作画或悬匾额。

门框内安放门扇，门扇上有的还作彩画，上设铁制或铜制的门环，称“铺首”，其上有的饰有各式花纹，有的为兽形。左侧的门环与门内的门划相连，可以转动开关。有的还在门楣上装有扣鼻，在门扇上装链环，用以锁门。门扇上有的还设门钉。门钉是门扇的工艺需要，后来成为装饰，也体现着等级观念。清代曾规定，民间住宅不能饰以门钉，故一般百姓流传着“白丁”的说法，民间也有“摸门钉走百病”的习俗。

门扇内侧还设有门闩，门闩上有机关，设门扣，关门后加横杠，称“门卡子”“腰杠”等。用以抵门的木棍称“顶门杠”。在济南章丘，在门内外侧再加腰杠，插入两侧墙上的顶门孔内。这些机关的设置有助于保障民居的安全，起到更好的防御作用。

大门下方设门槛。豪门大族讲究门槛要高，有聚财之意。门槛一般可拆卸，便于大车出入。门槛两端是门枕，门枕石制，凿有门盏。门槛外的部分，平常人家设方形的门墩。富豪之家有雕成鼓状的，民间百姓相信鼓声宏阔威严，厉如雷霆，能辟邪；也有雕成石狮的。大门一般漆成黑色，有森严辟邪之意。

济南章丘博平·村民演示腰杠的使用（曲洪祎 摄）

大户人家的宅门采用屋顶的营造方式，檐、枋等构件俱全，类似小楼房，所以又称门楼。门楼高于与之相连的建筑，并且在

济南章丘朱家裕大门·铺首门钉（曲洪祎 摄）

济南章丘郭家庄·门后机关（曲洪祎 摄）

屋脊两端翘起的蝎子尾的衬托下，更显威严气派。济南四合院的门楼正是这一风格的体现。济南大户人家的门楼一般高六七米，高于正房以外的其他房屋，其形体深厚，造型质朴，高大而完美。

（2）门 神

门神是我国信仰最多的神祇之一，其历史之久、流传之广、种类之多，在民间诸神中非常突出。

门神，是把守门户的神仙，它的作用是防止恶鬼入宅，是人们为了保障宅室平安而制造的神，应当产生于人们有了比较固定的住房之后。门神的最早形象恐怕要数传说中的神荼（shēn shū）、郁垒（yù lǜ）了。东汉王充《论衡》引《山海经》载：“沧海之中，有

神荼、郁垒桃符（选自学位论文《图必有意 意必吉祥——中国传统春节图形符号研究》）

度朔之山。上有大桃木，其屈蟠三千里，其枝间东北曰鬼门，万鬼所出入也。上有二神人，一曰神荼，一曰郁垒，主阅领万鬼。恶害之鬼，执以苇索而以食虎。于是黄帝乃作礼以时驱之，立大桃人，门户画神荼、郁垒与虎，悬苇索以御凶魅。”（〔东汉〕王充著，陈蒲清点校：《论衡》，岳麓书社，1991 年，第 350 页）

后世民间流传最广、威望最高的门神形象是唐代的秦琼和尉迟敬德。明人所辑《三教源流搜神大全》中记到：唐太宗李世民曾患病，夜间多做噩梦，常梦见祟魔在寝殿内外抛砖扔瓦，鬼魅呼叫。李世民惧之，告诉群臣，秦琼与尉迟恭主动提出为其守宫门。是夜，果然无事。太宗念秦琼、尉迟恭二将日夜辛劳，便让宫中画匠绘制二将之戎装像，怒目发威，手持鞭锏，悬挂于宫门两旁。明代吴承恩在《西游记》中大发感慨：“本是英雄豪杰旧勋臣，只落得千年称户尉，万古作门神。”（〔明〕吴承恩:《西游记》，中州古籍出版社，2007 年，第 75 页）清代顾禄《清嘉录》载:“夜分易门神，俗画秦叔宝、尉迟敬德之像，彩印于纸，小户贴之。”（〔清〕顾禄撰，王迈校点：《清嘉录》，江苏古籍出版社，1999 年，第 232 页）

杨家埠木版年画・将军门神（曲洪祎　摄）

钟馗是另外一位专门捉鬼的门神。北宋沈括在《补笔谈》中记载，玄宗一天夜里梦见小鬼入宫中盗物，被一大者所捕。当玄宗问时，大者说：“臣钟馗氏，即武举不捷之进士也。誓与陛下除天下妖孽。”（〔北宋〕沈括著，李文泽、吴洪泽译：《梦溪笔谈全译》，巴蜀书社，1996 年，第 422 页）玄宗梦醒后，便请吴道子画钟馗像。明末清初顾炎武在《日知录》中记载：“今人于户上画钟馗像，云唐时人，能捕鬼者。”（〔清〕顾炎武著，周苏平、陈国庆点注：《日知录》，甘肃民族出版社，1997 年，第

1409页）

到宋代，刻板印刷术的出现为绘制门神画提供了良好的条件，大量门神形象开始出现。民间所信奉的这些武将门神，最多的还是取自中国古典名著中的英雄好汉。这些武艺出众、仗义疏财、精忠报国的英雄，妇孺皆知，影响面广，在民间备受崇拜。

武将门神多贴于临街大门，在院内及居室门上多贴文官门神和增福门神，如天官赐福、招财童子、麒麟送子、五子登科、连（莲）年有余（鱼）、麻姑献寿等。

2. 院落布局

山东传统民居基本格局大多是四合院、三合院。典型样式是，院墙从正房山墙向前延伸，围成一个院落，有的则向后延伸形成后院。胶东一带，从前盖房多有前后两院。

围成院落的墙，称院墙。院墙的建材有很多种。有的用土坯，这种土坯是用泥与水相混合均匀后，再放到模子里，用石墩夯，再经晒干而制成，非常结实。

济南章丘三德范·草筋土墙（曲洪祎　摄）

有的用草筋土墙，即用土与麦秸草加水按比例混合而成。富户人家才用青砖围墙。现在大多数地方是石砌基的砖墙。旧时，有的人家会在院墙上安放“泰山石敢当”以镇宅。

在济南章丘，旧时一些村落房屋的院墙、房墙用石灰坯砌成。石灰坯由石灰、炉渣、水混合搅拌而成，大致比例是炉渣占70%、石灰占30%，加水混合后发黏就可以使用。当地产煤，用炉渣可以说是就地取材。石灰坯规格大致为：长30厘米，宽15厘米，厚8厘米。制作石灰坯，一般在场院里做，且在春秋两季，这个季节农闲，凉快且少雨。首先用平板抹平，不用夯，提起模子就制作完成；将模子用刷子刷一下，再做下一个。一般晾晒十几天，然后放到猪圈里，挖一个土坑，将石灰坯横放到坑里，埋上土，过一个月取出，就可以使用了。经过这最后一道程序，石灰坯就更加结实了，否则在使用时很容易打散。用石灰坯盖房子，结实，不怕雨淋。一般外墙用石灰坯，里面用土坯，当地称里生外熟。此外，当地还会在临街院墙的外侧设拴马栓。

济南章丘三德范·石灰坯房墙（曲洪祎　摄）

济南章丘博平·石灰坯的院墙上设拴马栓（曲洪祎　摄）

整个宅院的进出口是大门，俗称街门。过去的大门不但反映住宅的规模，也是财势的代表。

大门之内迎门处，设影壁，又叫照壁。影壁使门外的人不能窥见住宅内的活动。有的影壁单独建筑，有的则以厢房的山墙为影壁，又称“座山影壁”。壁身多为正方形，饰以图案。近年来，时兴瓷砖拼画，拼成图案或“福”字，或松鹤延年图，或大幅山水画等，多种多样。回族人家的影壁很有民族特色，通常壁身的中央是一个圆形的回语文饰，在四角分别贴有花饰，很是雅致。

徐家村·座山影壁（王英文　摄　金文妍　提供）

济南章丘郭家庄·大门内的独立石砌影壁（曲洪祎 摄）

整个院落中各种房屋和其他设施、空间的安排，各地不尽相同，有北屋、东厢屋、西厢屋、南屋，这是典型的四合院格局。一般以北屋为正房，坐北面南，由长辈居住，是一户人家的主要起居处。正房两边的配房，统称为“厢房”，通常矮于北屋，由晚辈居住或做仓库之用。在西为“西厢房”或“西厢”，在东为“东厢房”。富裕人家大多以厢房为储藏室，因它采光不好，不宜居住。特别是东厢房，冬季日出三竿不上窗，夏日又难耐西山日头，故谚语云“有钱不住东厢房，冬不暖，夏不凉”。南屋做客厅或堆放柴草。栏圈设在院落的西南隅，供饲养家畜兼作厕所。在胶东地区，通常在院落的西侧修猪圈，猪圈外侧修有短墙，俗称“猪圈墙”。在圈的南面盖有厕所，当地俗称“茅厕”“茅房”，厕所的排泄通道与圈相连。圈内北端修猪舍，当地称“猪圈台子”。圈在村民的日常生产、生活中占有很重要的地位，既可以养猪，又可蓄肥，家庭生活中的废弃物也丢于其中，因而除非家庭条件特别差，一般都会修猪圈。大门接南屋开在东南隅。手压井置于正房东侧。大门外一般栽有国槐，俗话说得好，“待要富，门口有棵大槐树”。院中的排水沟，有明有暗，统称为“阳

潍坊高密聂家庄·平台（叶涛　摄）

潍坊高密聂家庄·民居（叶涛　摄）

沟”。村民院中铺地，过去大都以泥铺平，也有用石板或鹅卵石的，近年来村民多用水泥铺地。

现今，山东农村对大门、门楼、影壁、南屋的处理，又时兴新的样式：从大门开始到影壁，又连南屋，全盖成一个大的平台。平台是近些年才出现的一种房屋形式，房作平顶，以石条、水泥建成，极其坚固。平台多建在院侧或临街处，其上可以晒粮食、放杂物。在平台过道旁，再开一个二门，这样过道就可以放自行车、摩托、农用车等。

近年来，因新婚夫妇多与父母分居，三四口人为一家居多，旧式的四合院住房已被淘汰。在有限的房基上，房屋建筑渐向豪华型发展。墙面瓦顶为红砖红瓦。北屋三间或五间，一明间，两套间，用于居住和会客，有一间外开做仓库。除大门与栏圈外，东、西、南三面以院墙封闭，较之四合院，房内与院落显得宽敞明亮。在一些经济更发达的地区，栏圈的用途越来越少，逐渐消亡，有的已改盖平台。栏圈的消失也使村中的卫生系统出现了新的变化。原先的栏圈承担的各家各户垃圾处理功能已由村里建起的公共垃圾场地代替，厕所的粪池也从院内移到街上，这体现了卫生的要求。手压井也被集体的自来饮水所代替。大体上说，以前流行的是四合院，现在流行的是正房及一方院。

3. 建　房

20 世纪 30 年代聊城农村盖房（选自《山东居住民俗》，彩插）

建房对农村百姓来讲是件大事，往往需要经年的勤俭节约与精心准备，因而胶东一带常说“稀汤刮水灌肠子，攒把粮米盖房子”，潍坊临朐也说“人有福，别盖屋”，说明了建房的不易。在菏泽东明，旧时盖房至少得有两三年的准备。住房的

济南章丘三德范·石基土坯墙茅草屋（曲洪祎　摄）

建材大都自备，以自家的树木加工成梁、檩，自备土坯垒墙，不能自备的，以柴火、粮食去换，如砖瓦、钉、石灰等。

旧时建房讲究颇多，凡建新房者，一般要请风水先生看风水，进行总体规划，卜定动土和开工时辰。现在建房看风水的已不多，大都请富有经验的工匠先行规划，自主定施工日期。在淄博沂源，旧时建房多选在土层厚、取水方便、不正冲山脊、避风并向阳的地方。

（1）平原农村的建房

开基之日，请瓦匠丈量、开基：瓦匠将建房的方位、间数、长宽测量好，让小工根据画好的线挖地基。开基的同时，也要请木匠来丈量尺寸做门窗框。木匠的活计是负责制作房屋的木质结构，包括门窗框、梁、檩、椽等。在济南章丘博平，瓦匠提出房屋的尺寸给木匠，木匠会根据这个尺寸做门窗等木工活，木匠有自己的尺寸口诀。在淄博沂源，一种是先请木匠做好梁、檩、门窗框等，再请石匠破土动工，称“石匠跟着木匠走”；另一种是先请石匠画好线打好基础，木匠依据地基制作梁、檩、门、窗，称“木匠跟着石匠走”。

旧时，通常以石料砌基，以土坯砌房墙，茅草覆顶，砖墙瓦房很少。打好地

济南历城黄巢村·石基砖石土坯墙瓦顶房屋（曲洪祎　摄）

基安门框，砌墙过半安窗框。安门窗时，主家要庆贺一番。门窗上多写有“安门大吉”“安窗大吉”等字样，或贴有“安门增万福，立户纳千祥”等对联。有的人家喜好贴“太公从此过，今日好安门”，而在窗框贴“坚如磐石”等吉利对联。

在济南章丘三德范，过去村里的房屋多由土坯建成。富人家的房子一般门窗处用青砖，两侧用青砖，中间还是用土坯，主要出于造价方面的考虑。当地土坯有两种规格，一种为七寸土坯，另一种为九寸土坯。九寸土坯通常厚七八厘米，长约 30 厘米，宽约 15 厘米；七寸土坯，厚 10 厘米，宽与长对折。大小土坯要根据房子的尺寸，因地制宜地使用。土坯通常在春天或秋后制作，两人一天能做 400 多块。制作土坯多在庄稼地里，就地取土，放到模子里用暑（音）头夯实。老一辈使用的模子材质一般为柿子木或软（音）枣木。这种木头属于杂树，木质硬，即使暑头砸在上面也不容易起刺。其他材质的木头也可以使用，没有严格限制。土坯做好后，横着立起，错位垒起，这样有利于通风，晾晒半个月就可以使用了。遇上下雨，土坯用玉米秸盖上，撒上土，防风刮。一般三间屋（长 6.5 米，宽 4 米），需要用 300 多块土坯。

在菏泽东明，旧时农村以青砖白灰、丈把高、里生外熟的瓦屋为好房子。所谓里生外熟，指的是房屋外侧用一层条砖垒成，里墙则用土坯砌成。房顶大多以草覆之，因为草可以自备，而且草房顶要比瓦轻得多，因而对梁、檩的要求也不高，当地谚语云：“杈首顶住墙，麻秆能当梁。”

济南章丘杨官庄·屋顶大梁、檩及笆（曲洪祎　摄）

在潍坊安丘，一般人家建房以砖石为基，即在一层石头上垒三五层砖，向上全为土坯墙。大多数土坯墙使用草筋泥，用“斧叉（比较宽，有四齿）”一叉叉垛上去，最后用“河叉（两根齿较长）”将墙体整平。还有一种建筑方式是“板打墙”，即在两片木板中填比较湿的泥土，再夯实。另外一种方式是用草筋泥制成的长约半米的土坯（也称墼）砌成。过去房屋的墙体有半米多厚，即使砌砖垒石中间也要“填焊”，即在两边砖石之间用泥等填充。改革开放以来，当地民居发生很大改变。房屋的建材以红砖、水泥、石头、红瓦为主，墙体为“二五墙”，即 25 厘米厚，正房有三间或四间，宽 5 ～ 8 米不等，整体上讲求坚固、宽敞、时髦、大方。

在烟台龙口，过去砌墙基通常用石料，齐腰时加一行砖，名为“腰线砖”，腰线砖上再砌小墼，外用石灰抹墙皮。除了以麦秸草苫房外，农村富裕人家都盖瓦房。当地常用的瓦有三种：一种是碟瓦，俗称小青瓦、小瓦，用仰面砌房顶的称仰瓦，用合拢方式砌房顶的称一仰一哈；另一种是平瓦，也称大瓦、洋瓦，20 世纪 50 年代逐渐普及开来；还有一种是脊瓦，半筒形，多用于做脊。

在淄博沂源，以当地石料沙灰灌浆砌基，砌墙前确定门的位置、高度，安放门枕石——底枕，底枕比门框稍宽。底枕上是联枕。将门固定好，开始垒墙，一米左右高安放窗台石、腰枕石，门框上安放悬枕石。门窗安好，上安过木，继续垒墙到房檐。房顶先用高粱秸铺。高粱秸用麻交替绑成一把，再用刀切成需要的长度，然后一排排铺到檩上称笆，再抹一层泥，然后苫房，有用草的，也有用瓦的。草房一般用黄草或麦秸苫房，有全草和四不露毛房顶。所谓四不露毛，就是用石板或瓦在房屋的前后檐挡边，起到防风、防雨水侵袭的作用。在 20 世纪 50 年代，房顶用灰色的小瓦，60 年代开始逐渐用红色的大瓦。

（2）山区农村的建房

砌墙（选自《玲珑山下井塘村》，第 60 页）

潍坊青州井塘村，地处山区，村内的民居具有明显的山区特色。旧时，房屋的建筑材料以石头为主。盖房子所用的石料全部是从井塘村附近的山头上开采来的，不需要花钱。开采石头是个费时又费力的活，通常五六个劳动力干四五天才能满足建房的需要。开采的石头以井塘村四周山上的青石为主。开采下来之后，还要打磨成形才能使用。成形的石头一般长 50 厘米，宽 24 厘米，厚 12 厘米。石头的尺寸根据院落与房屋的大小及所需而不等。开采完石料之后就应该建房了。首先是打地基。由于井塘村地处山区，所以地基必须打得高些，不然一旦有雨或地面有水，就可能倒灌进屋内。地基打好后，木匠需要跟户主及石匠把头商议定下门窗的尺寸。通常门窗的大小要根据房子的长、宽、高来决定。木匠的工作就是丈量地基以确定门窗的大小。当房屋墙壁盖到一定的高度时，木匠便拿来已经做好的门窗，把门窗拴挂在未成形的房屋墙壁之中，这样一边垒墙，门窗也就自然地镶嵌于其中。石屋的房顶是木架结构的大梁，通常是“三间屋，两架梁，四股插，二十一檩”。框架成型之后，要在房顶上再铺用高粱秸捆绑而成的“笆”，上抹一层混合麦秸草的泥，然后盖上七八厘米厚的麦秸草。当麦秸草由于承受不住风吹雨打而腐烂时，就要再覆上一层，逐年累积，越积越厚。覆上麦秸草的房顶冬天不容易冻透，夏天也能保持屋内清凉。过去建一座石头房子，从开采石头开始到建成，至少需半个月的时间。一座石屋的造价是非常低的，在 20 世纪 70 年代花费二三百元。井塘村老石匠孙全吉家的房子只花费了一头大肥猪的钱。石屋有防震、防冷、防热的特点，但是用石头盖房既费时费力，又不美观。而砖房则不然，用砖不但省时省力，而且美观，所以当人们的经济条件好起来后，以砖为建筑材料的房屋便大量出现。

井塘村的现代民居在建材上与传统民居有很大的不同，主要的建筑材料是红砖、水泥、沙子、钢筋、石子等。房子的地基依然是石头，并且很高。地基以上开始垒砖。建房所用的砖可以从井塘村附近的砖厂定购，而且送货上门。由于使用砖，再加上帮工的人也多，所以房子盖起来很快，只用3天墙的框架就能建起来。大梁是以四股相插结合在一起的，再钉上檩（梧桐或洋槐料）。这之后铺上用高粱秸捆成的笆。在笆上再抹层草泥，上铺红瓦。待把墙壁用石灰抹起来时，约用5天的时间。后期的装修因个人的经济实力不同，所花费的时间与金钱也不同。装修包括外装修与内装修。外装修包括用石灰抹墙，用瓷砖或马赛克贴墙的外壁等。内装修则是室内的装修。砖房所用的时间大部分花在了装修上。当然村中更富裕的人家都时兴盖二层楼。

旧时团瓢（选自《沂蒙民俗风情概览》，第57页）

在临沂北部的山区，一些地方盖房全用石头，大的石头用作房基，小的用来垒墙。贫困家庭则盖“团瓢”，房顶呈锥形，覆盖茅草。

在枣庄山亭的一些山村，20世纪50年代前都是石头墙茅草屋。建房，先打地基，挖到硬地铺石块，称“打坚脚”，接着往上垒砌。50年代前后，垒前后屋墙非常简单，大都用不太规则的石头，不用沙灰，称“干碴楼”。80年代后，垒屋墙大多数仍用石头，但都是用沙灰填垫，称“混水墙”，外墙勾缝或用水泥沙抹平，内墙用沙灰抹平，涂料粉白。50年代前后，石头屋用山草苫房。当地山上有一种“黄麦草”最好，“白蜡草”次之。苫房先准备山草，将山草整齐，铡去草根，浇上少量水使草返潮称“闷草”。用高粱秸交叉铺作屋笆，用泥把屋笆

山东乡情展馆·山草苫房、石条压山（郭晓宁、史天思　摄）

淄博淄川南峪村·石头房屋（曲洪祎　摄）

抹平，接着用山草苫房。先从屋檐下铺，一层层，根朝外，草梢向里，顺着直到屋脊，最后在屋脊上合拢，上边用泥压盖称压屋脊。屋顶两边山头檐覆以草，使之整齐，称“茅头屋”，后来改用方块石板铺，石板称“条檐石”。屋顶两边屋山上铺“条山石”，上面用四方条石竖着，称“挡草石”，不但美观，还能防止大风刮掉檐草。苫房时，房屋的两个坡面要同时进行。用山草苫房能使用二三十年，而且屋内冬暖夏凉。

（3）胶东地区火炕的建造

在胶东地区，火炕是家庭活动的主要空间。通常在东屋与西屋依南墙窗下垒火炕。修建火炕又称“盘炕”。盘炕的基本材料是土坯，当地称“大墼”。秋天、冬天、春天都可以做大墼。当地一般在开春的三四月份做大墼，因为此时天气相对暖和，人们可以伸出手来干活，而且雨水较少，天气晴朗，空气干燥，大墼容易晾干。这时的农活也不多，人们有时间去拾掇别的活计。做大墼用的泥土最好是没种过庄稼的泥土，不能用冬天的冻土。村民判断是不是冻土的方法是看一锨能否铲进土里。

做大墼时，首先在泥土里加上麦秸草，再加水，均匀混合。麦秸草起到筋的作用，让大墼更结实。麦秸草过多或过少，都容易使大墼断裂。把这种混合均匀的草泥放到木制的框内（当地人称“大墼挂”的模子里）夯筑做成大墼。大墼挂是木制的长方形模型。一般情况下，大墼挂的长为 1.8 ～ 2.2 尺，宽为 9 ～ 11 寸，厚为 1.5 ～ 2 寸。

把草泥放进大墼挂里做成大墼的过程，俗称“拖大墼”。首先要把大墼挂放在平地之上，填入草泥，用手按一按，要特别注意边与角的填充与整形，并用石头墩子夯筑结实，认为成形后，就可以把大墼挂撤下来，一块大墼就这样做成了。撤下来的大墼挂在用前要用刷子蘸水刷一刷，以防沾上泥。在晴天好日，大墼晾上十几天就能够晒干使用了。当晒到四五天的时候就可以把大墼扶起让它竖立起来，趁大墼未完全干，用铲子整整边边角角。再过三四天，就可以把大墼横立起来。横立与竖立起来的大墼有一定的排列方法：首先把大墼扶起横立起来，然后以其中一个大墼的横剖面与另一个大墼的竖剖面相互贴在一起，依此类推排列，这样大墼之间有空隙，有助于通风，所以大墼会干得快，而且相互贴在一起，大墼不容易倒，不会造成损坏。盘一个火炕，大约需 20 个大墼，当然这要根据房屋的大小来确定。

火炕通常一年一盘。将旧的大墼拆除下来的过程，当地称“打炕”。旧的炕用镢刨掉成土块，称“炕洞墼”。在这些炕洞墼上面洒些水，用抓钩抓得更碎些，秋后扬到地里，就是很好的肥料。盘火炕先要修炕台，就是在地面上垫一层土，用石墩子夯筑结实，作为火炕的底座。炕台修完之后，在房门稍向里的位置修一炕墙。一般是用小墼垒建。小墼是泥和水搅拌均匀，再放到小墼挂子里，用石墩夯实而成的。小墼一般长 1.2 尺，宽 4 寸，厚 3 寸。在小墼炕墙的外侧再抹上一层厚厚的草泥，力求结实。只要不倒，炕墙就永久地使用。20 世纪 80 年代中期以后，炕墙普遍用砖垒，然后外侧抹上石灰。炕墙一般高 80 厘米。为方便老人、小孩上下炕，通常在炕墙边再放一个小凳子。炕墙的正中间下方开一小门，俗称“炕洞门”。在严冬时可以通过炕洞门填草烧火取暖，俗称“烧炕”或“昂炕”。烧炕时，要用木板堵塞，以防冒烟，这块木板被称作“炕洞板”。一些废纸和包装袋等都可以填进炕洞去烧，既能取暖又可净化环境。20 世纪 70 年代，胶东一带开始普遍使用炉子。炉子通过炕洞门与火炕相连，一方面炉子能烧热炕，让人们睡起来更加舒服；另一方面也能够提高室内温度，并兼顾烧水、做饭用。有的人家也在炕墙一侧做一个窝子放鞋，称“鞋窝子”。在近门的墙壁中间下方有洞

连通着进间的灶。

炕墙修建完成后，沿炕墙边竖立起大墼，这叫“撞边”，大墼则被称为“撞墼”。然后在中间成行排列撞墼，俗称为“垒洞”。垒洞的关键之处在于烟道通畅。撞墼不但起着支撑炕面的作用，而且它们之间的间距又起着输送烟火、控制烟火的作用，因而它们必须有合理的布局，迫使烟火分散，走向合理，才能使火炕炕面温度均匀。通常依据炕面的宽度，排列大墼成若干条烟道，有五洞炕、六洞炕等。大墼与大墼之间距离相等。为了加强火洞的抽力，在修建炕台时，从近灶处到近烟囱处逐渐垫高，形成一个斜面，落差在三四厘米之间。烟火的走向也沿着从低到高向高处抽出，从而加强了烟道的抽力。有的家庭为了使炕烧得更热些，会把撞墼横立在炕里，这样使烟火更贴近炕面，从而提高了炕面的温度。当地采取此种垒洞方法的并不多，人们还是习惯于竖撞大墼。

在垒洞过程中，迎风墼的技术处理尤为重要。并不在炕洞中的烟道里垒烟囱，而是用一块大墼竖起覆盖上，再在大墼上方开个洞，让烟能从烟囱中冒出，这块大墼就叫迎风墼。迎风墼是用来防止犯风的。当风向不适宜时，风会从烟囱中进入炕里，使炉火或灶火倒烟，火也不旺。迎风墼能在犯风时减轻风的强度。另一种处理方法

济南章丘朱家裕·火炕（曲洪祎　摄）

是在炕里挖一个长方形的、不太深的坑，与烟囱烟道相连，上面覆盖大墼，这样风会顺势而下，力量自然也就减弱，有利于防止犯风。迎风墼处理得好，做饭与昂炕时都会好烧而不犯风、不倒烟。

当炕洞内排列好大墼后，于其上再平铺大墼作为炕面。炕面也有用石板的，但是老百姓都认为大墼保持恒温的时间比石板长。之后在炕面上抹草泥。有的为了炕面结实，就把这层草泥抹得更厚些，当然不能太厚，否则会影响炕面的温度。盘炕一般一天就能盘好。盘好之后，立刻给炕烧火，让炕面尽快干起来，不然的话会影响到炕面的结实程度。

4. 居室布局及陈设

旧时，山东农村一般人家盖正房三间或五间，坐北朝南，建房间数以三、五为主，有“四、六不成房”之说。这样的房子谓之“一明两暗”或“一明四暗”。

（1）胶东地区的室内格局

在胶东地区，正中间的一间叫“明间”，俗称“进间”，因支锅灶也称“灶间”，为三间半房正中的一间。有句俗语说“东南大门，西南圈，进门就吃饭”，说的就是胶东地区民居的室内格局。其中“进门就吃饭”指的就是灶。在进间，靠房门处一边各建一个灶，当地称锅台，与东西屋的火炕相连。锅台上安大锅。过去一般人家用的都是八人锅，直径在72厘米左右。锅台灶口称“锅底门”，干草、树枝、木头等燃烧物通过锅底门放入锅底，点火燃烧。通常要做一个木板堵在锅底门处，以防烟从中冒出来。燃尽后余下的灰，通过锅底里的“炉底”漏进锅底洞，也叫小锅底。人们可以用小铁锨或小铲子通过锅底洞掏灰。在锅台左侧通常垒洞作为风匣洞子，里面放风匣用来鼓风。做饭时，人们左手拉风匣，右手填草烧火。风匣与锅台下面的小炉底相连，一拉风匣，气流就通过小锅底往炉底灌，从而使火烧得更旺，燃烧物得到充分燃烧，能达到节省能源、节省时间的功效。过去都是用小墼垒锅台，20世纪70年代之后普遍采用砖、水磨石与水泥砌筑，90年代时，还会在新修的锅台上镶精美的瓷砖。

正冲锅台的墙壁上设搁板，旧时在这里供奉灶神，当地称“灶祃爷”。搁板下墙壁有一方形小洞，俗称“灯窝子”。旧时都说这个窝子是为了方便坐在里间火炕上的婆婆能够更好地监视进间的儿媳妇执炊事用的，看儿媳妇是不是在好好地做饭，有没有偷吃，放的佐料对不对等，所以也称“婆婆眼”。其实置灯于此处，也是为了进间与里间能共用一盏灯，这是出于节俭的考虑。有的人家又在灯窝靠炕一边挂上小布帘，以防蒸汽进入卧室内。

胶东灶间（选自《山东居家饮食民俗》，第 59 页）

进间前后各有房门。从前多是板门，夏季为取穿堂风，往往于前后各装半截门，称“风门子”。冬季为防风又常挂厚草帘，以挡风保暖。在进间东北角，通常放一张板床。面板与擀面杖平时就放在床边，和面、擀面、做饽饽等都在这张床上，为炊事案子。床下则放蔬菜、米面缸、盐罐之类。在床的上方，由房梁垂下一根绳子，系一个铁制的或木制的钩子，钩上挂一篮子，名为“干粮筐子”或“干粮篓子”，用以存放熟食，既通风又能防猫、鼠偷吃。进间西北角，放一高橱或半橱，名为“碗柜”，用以盛放食物与餐具。碗柜再南放水缸。因为进间做饭有蒸汽，所以一般不扎天棚。

潍坊寿光东岔河村·灶（叶涛　摄）

进间东西两间壁，各于正中开门，分别通东屋与西屋。习惯上，公婆住东屋，儿子与儿媳住西屋。东屋与西屋的布置，大体对称。只是建房时东屋面积较西屋要宽

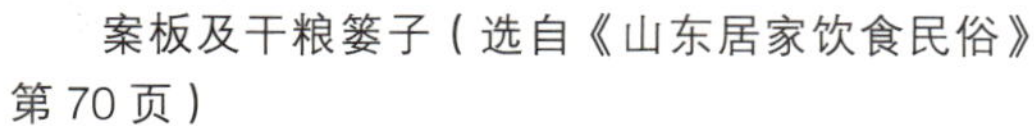
案板及干粮篓子（选自《山东居家饮食民俗》，第 70 页）

碗柜、小饭桌（选自《山东居家饮食民俗》，第 72 页）

几许。东屋又称“东间”，房门多为单扇，房门外挂门帘，有蓝印花布、彩印花布等样式。门左侧设铜制“门帘钩”，供搭门帘用。夏季则摘下布门帘换用珠子门帘、草编门帘或塑料门帘。门槛一侧留小方孔，俗称“猫道”。

东西屋都盘有火炕，体现出以火炕为中心的室内布局。盘好的新炕，俗称“光炕”。为了睡卧起来更加舒适，还要增加一些措施。先要在炕面上铺一层麦秸草，为了清洁，所铺的麦草都是在麦收时特意留出来的。麦秸草去穗、去根、去叶，整齐干净，俗称“长草”“铺炕草”。在麦秸草上再铺席子，俗称炕席。当地的炕席一般用高粱篾编织而成。炕边还有梧桐木制成的长条炕梆做沿。炕梆约 1 寸厚，宽 2 寸，长与炕长等距。炕梆一方面可以挡住褥子或席子，以防滑落，另一方面也有装饰的作用。炕上靠近进间屋的一侧称炕头，另一边称炕腚，靠近南窗台的一边称炕里。早晨起来，折叠被褥为长方形，放在炕腚处。有的在炕腚处放有炕几，通常高 40 厘米，长与炕宽几乎相等。垛被于炕几之上，称被搁子。有的人家在炕腚处放一个 1.5 尺高、宽 2 尺、长与炕宽相等的小柜，柜上再搁被。小柜通常用来盛妇女用的梳子、眉笔、发卡、粉底等化妆用品以及用来充饥的点心等。除此之外，小柜还是专门放钱的地方。炕桌是常用的炕上家具，当地称小桌，

济南章丘朱家裕·火炕上的陈设（曲洪祎　摄）

是专门放于炕上用来吃饭的矮腿桌子。有长方形的，也有圆形的。小桌体积小，搬动方便。吃饭之时，先在炕上铺上一块塑料布，再放上小桌子，这样能够避免桌腿儿弄脏炕单，也能防止饭菜掉到炕上。小桌上再放上元盘。元盘为木制、长方形，上放几盘菜，一家人就这样围在一起吃饭。元盘也可以单独放在炕上使用，多为一家两三口人一起吃饭，也不正式。如果来人来客必定安放小桌，才算是正式宴客。当家里宴请客人时，便把客人请到炕上。通常炕上面北背南的地方是尊位，让客人坐，主人在右下首坐陪。当然陪客人是男人们的事儿，女人、小孩儿只好在锅台边将就吃点。

在东间，迎着门房，靠东墙与炕墙，放一小橱柜，高与胸齐，下边一对木扇门，上边三个抽屉。小柜用来盛衣物。柜上摆设，统称柜顶或柜面。柜中间靠东墙，放置座钟。座钟两旁左右摆一对彩绘瓷瓶，瓶内一般插鸡毛掸子或纸花等。小柜上方常悬一幅大画，或一面镜子。小柜北端，有门通里间。里间一般盛放粮食、米面、旧物及其他杂物。如果家庭人口多，也可盘炕住人。在里间火炕炕墙上也要留一炕洞门，通过填干草等燃物来烧炕。里间火炕也要设置烟囱。东屋与西屋室内的上方要做天棚，俗称顶棚、仰棚。一般用高粱秸扎框架，用纸糊成。糊仰棚有专用的花纸，又常在四周、四角和正中糊剪纸作为装饰。糊仰棚都有专门的工匠。

20 世纪 80 年代中期，胶东地区的室内格局发生了变化：厨房改设在半间里或盖在外边的耳房，在室内铺地板砖，天棚开始用木板装修。近些年来，随着人们物质生活水平的提高，这一变化更大。进间改为宽敞的客厅，成为待客及家庭活动的主要场所。东间仍作为上房，盘有火炕；西屋则放置席梦思床，有的则把西屋盖成套间。进间的锅灶移到了原先的里间，里间改成了厨房，在东间的东边，锅灶依然与炕相连，地面铺水磨石或地板砖，锅灶、炕沿都镶嵌着精美的瓷砖。窗户也改为铝合金门窗，而

胶东人家东间陈设（选自《山东居住民俗》，彩插）

潍坊寒亭杨家埠·顶棚（曲洪祎　摄）

且开得更大，整个房间显得宽敞、明亮、清洁、大方。家具变化也是日新月异：除老年人沿用火炕和传统家具外，中青年基本上全部更新。20 世纪 80 年代初，有大衣柜、单人沙发、写字台、梳妆台、床头柜、茶几等，90 年代有成套的各式组合家具和双人沙发、沙发椅、包箱床、席梦思床等。同时，又注重添置电视机、录音机、电冰箱、摩托车、电风扇等高档消费品。各种家具除实用外，讲究造型、款式、装饰等。当地民居的室内布局越来越富现代气息。

潍坊安丘王家庄镇朱子村钟庆义编的板话也反映了室内格局的变迁：

其一

……

从前住的草坯屋，如今住的是四面红。

四面墙，真是强，四间大屋两夹房。

桌椅条凳列两旁，饭橱菜橱靠北墙。

写字台，大衣橱，沙发里面有弹簧。

收音机，缝纫机，自行车子电视机。

有压井，有水泵，吃水不用出天井。

玻璃窗，玻璃门，隔着门窗看着人。

……

其二

五米不算大，现在兴了前出厦。

前出厦真是强，阳台还有插花墙。

有养鱼池养鱼缸，花盆摆了好几趟。

……

其三

精神文明大发扬，如今建房也变了样。

一铺地基就打梁，打了地梁打圈梁。

水泥钢筋里面藏，屋又高，房又宽。

马赛克，地板砖，又坚固，又美观。

一进屋，四下看，明晃晃的怪耀眼。
影碟机，大彩电，喝着茶水情管看。
待做饭有液化气，不用烧草就做中了饭。
冬天冷，有暖气，夏天热，电扇转。
……

（2）鲁中、鲁西地区的室内格局

在鲁中、鲁西地区，正中间的房间是堂屋，相当于客厅。20 世纪五六十年代富裕之家的客厅摆设颇有讲究。客厅的上方摆放着长条横案，条案上放座钟，两侧放帽筒，再两侧放镜子与花瓶。镜子、花瓶与钟，寓意“终生平静”。花瓶内放鸡毛掸子，鸡毛掸子除了用于弹除室内灰尘外，在过去常是家长执行家规的用具。条案的上方挂有“中堂画”，两边有对联。条案的前方摆一方桌，称“八仙桌”。方桌两旁摆上椅子，俗称“太师椅”。八仙桌上摆放茶具，以备日常待客。堂屋既是待客的地方，又是一家人围桌而坐吃饭的地方。有的人家在八仙桌前面放一张小半桌，枣庄地区称“饭桌”，平时吃饭，还能进行切菜、揉面等家庭劳作。

山东乡情展馆·堂屋陈设（曲洪祎　摄）

济南章丘朱家裕·卧室陈设（曲洪祎　摄）

东屋靠窗户放置一张床，依床的北面墙上放一柜子，柜中放被褥及日常所穿的衣物，柜上再放箱子。冬天，床旁置炉子，用以取暖、烧水及做饭。西屋通常作为孩子的居室，也放一些杂物。

济南章丘朱家裕·厨房（曲洪祎　摄）

正房的两侧是厢房，多放置杂物，有的也兼作卧室或厨房。一般东厢房作为厨房，枣庄地区称“锅屋”，屋内支上大小锅，用于做饭、炒菜、烙煎饼等。

在鲁中、鲁西地区，旧时的室内布局以堂屋为中心，这种布局显得庄重讲究，但由于房间没有合理的分隔，室内显得较为零乱，生活起居都不合理，私密性差。现今，鲁中、鲁西等地新建房屋既保留了以堂屋为中心的室内格局，又对东西两间进行了分隔，布局合理了很多。

5. 上梁习俗

在胶东地区，上梁是建房的高潮。什么时间上梁，由瓦匠提前告诉房主。一般都在上梁那天的中午举行仪式。上梁时间确定之后，房主即遍告亲友。是日，亲朋好友便携带礼物前来祝贺，当地时兴带一匹布作为人情。上梁前要在梁、檩之上贴带有吉祥语的红联，其语有“上梁大吉”“金凤满屋红又亮”等。从大梁中间，垂下一根红绳，系有一串制钱，寓意发财。然后把亲友赠送的面制蹲狮、卧虎、金龙等分别置于进间门两旁和屋顶四角之上，表示狮虎守门、飞龙绕梁。在鞭炮声中，上梁仪式正式开始。此时，全体木瓦匠及帮工一齐动手拉梁上架，钉椽子。安好之后，木匠与瓦匠师傅各拿一钩斗（钩斗平常用于盛粮食，形状类似圆柱形，高1.5尺，斗口直径8寸），斗里一般放上小饽饽、花生、糖块、栗子、枣等，由工匠师傅往下扬，而等在房下的人们纷纷抢扔下来的物品，这是上梁仪式最热闹的时候。当户主接下空斗后，上梁仪式就结束了。当天中午由户主宴请亲朋好友、工匠及帮工，以庆祝新房竣工。

在淄博沂源，上梁也是建房中重要的工序，一般也在中午举行。当地流传一首上梁歌：“龙盘虎踞好地方，能工巧匠来上梁。鲁班问梁何时起，太公选日今日吉。窗户门口安正当，青杨叉手榆木梁。金梁玉柱安得好，大屋新房落地起。一厅二卧三厨房，里外装饰得明堂堂。金银财宝里头藏，五谷杂粮满了仓。房主老人房中坐，子子孙孙贵满堂。新娘新郎房中住，当年生个状元郎。”一声高喊“吉时到，上梁大吉啦”，众人齐心协力将梁安放正当，放上脊檩。脊檩上写“某年某月吉日修建”，数字大写，月份要用别名，如一月为元月、二月为杏月等。脊檩上还要挂红布、一双筷子等。

撒喜（选自《招远地区面花民俗造型研究》）

在潍坊青州井塘村，房子起工（盖起）时要上梁。

济南历城黄巢村·梁上的挂红及对联（曲洪祎　摄）

上梁要挂上梁红。上梁红是块方状的红布，类似红领巾，用双股红绳系住吊到脊梁上。脊梁上还要贴上写有“公元某年某月某日上梁大吉”的红纸对联。除拴红布外，还要拴上栗子（立子之意）、花生（长生之意）、皇历（过好日子之意）、铜制钱（富裕之意）等。

通常户主都要放鞭炮以示庆贺。妇女们要在新房前的空地上摆放一张小方桌，上面放上“五个盘”，摆上供，叫上梁供。通常要摆上八碗菜，有点心、馒头、芹菜（成才之意）、鱼（象征年年有余）、豆腐（表示幸福之意）等。然后发钱粮，就是焚香烧纸，请两个老年妇女来磕头、唱上梁歌。上梁歌在井塘村称念佛，井塘村时兴的上梁歌有两个版本。

一首为阎贵芝等人所吟唱：

咱这个古院盖得强，观音老母来上梁。

一梁上的沉香木（音），二梁上的满屋香，三梁上的全家好，再把这门窗安正当，这张桌子放当央。

筷子摆上敬十双，四荤四素八碗子菜。

宅神家仙都请着，厨屋请着张灶王。

朝南的大门砖瓦镶，一对旗杆在两旁，旗杆顶上冒金花，富贵荣华头一家。

驴驮金，马驮银，骡子驮钱进大门。

大囤满，小囤尖，旮旮旯旯净是钱。

这个古院盖得强，辈辈出个状元郎，这个古院盖得好，辈辈出国（音，或为阁）老。

念到这里佛为满，念声弥佛保周全。

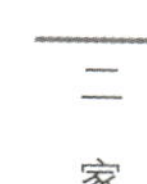

另一首是王珍兰所唱：

这口屋盖得强，观音老母来上梁。

门窗户大安正当，金砖银瓦一起上。

大梁上的沉香木（香椿树），二梁上的满屋香，三梁上的全家宝，门神虎爷站两旁，桌椅条凳屋里有。

屋里有个高官座，屋里有个状元郎，状元头上两枝花，富贵荣华头一家，弥陀佛。

上完梁后，就要喝上梁酒，俗话说：“喝了上梁酒，活到九十九。”

在济南章丘杨官庄，过去上梁时，还要由大工念叨一些俗语，如“丁是丁，卯是卯，几时上梁几时好”。

烟台莱州上梁摆供（选自《山东居家饮食民俗》，第199页）

6. 建房工匠及用工

建房在农村是件大事。户主会邀请一位有经验的石匠或瓦匠把头负责整个建房事宜，把头通常会召集几名他的老伙计作为助手。把头的责任是与户主商量雇工的工钱，掌握整个房屋的尺寸、质量及进程，并给帮工安排活计等。把头也要干一般伙计干的活，例如垒墙、打石头等。

济南章丘杨官庄泥瓦匠人·逯家庆（曲洪祎　摄）

济南章丘杨官庄·泥瓦匠人使用的工具（曲洪祎　摄）

在济南章丘杨官庄，有一位78岁的老泥瓦匠逯家庆，其家族世代为泥瓦匠。其父亲一辈，兄弟五个中有四个干泥瓦匠。父亲逯成珠，有五六个徒弟。逯家庆有四个兄弟，都是干泥瓦匠的。但在下一辈的男性中，没有一个从事泥瓦匠的。逯家庆收过4个徒弟，都是拜过师的，但没有什么拜师仪式。这4个徒弟分别是本村的杨秉山、杨先成，西矾硫的袭建钊，东埠的余仁举。余仁举的父亲也是泥瓦匠，与逯家庆是很好的朋友。徒弟一成为学徒就学大工，一般学六七个月技术就能成熟。逯家庆盖过民房、澡堂子，建过楼房，还主持建过淄博张店钢厂的炼铜车间。徒弟们一般会在八月十五、年节的时候，拿着礼物，通常是烟酒、点心之类的，看望老师。当地泥瓦匠使用的工具有：枇子（音）笼耙（音）锥，钎子瓦刀锤。枇子笼耙互相配合，往房顶苫草。锥是用来固定麦秸草的。

在济南章丘博平村，也有一位 77 岁老泥瓦匠人刘杰贤，他是刘氏家族的第 21 世，属于博平的第三代泥瓦匠人。他在本村有 4 位正式的徒弟。本村建祠堂时，刘师傅的徒弟曾指导过屋脊上的翘头及檐头的修建，并指导了一些现场的工程。刘师傅的建房技艺是跟本村的陈师傅学的，师爷是安师傅，他们都来自新泰。刘师傅 23 岁跟随陈师傅学习，当时没有什么拜师仪式，但也不能随便学，需要经过生产队的批准。当时的介绍人：徐志昌，任村里的副大队长；刘兆禄，任村支书。刘师傅跟着陈师傅学了 3 年才出徒。出徒后，一天计 10 个工分，提成 5 角钱，一般一年算一回账，在村里盖房分文不取。刘师傅先跟着师傅盖民房，后到大队搞水利。他一般会在春节、八月十五、师傅的生日等日子去师傅家送礼，以示孝敬。

济南章丘博平泥瓦匠人・刘杰贤（曲洪祎　摄）

20 世纪 80 年代，一个大工的工资一天 5 元左右，小工 1.5 元左右。大工是工头，小工主要从事和泥、搬砖、搬坯等活计。当地传统民居一般三间屋，宽 4 米左右，长 7.5 米左右。旧时建三间屋一般需要 30 个工（天）。20 世纪 70 年代以前，用工多的得 50 多个工。当时人们相信，用工多，房屋的质量好。20 世纪 80 年代以后，就用不了那么多工了，一般盖三间屋需三四个大工、20 个左右小工。

济南章丘博平・泥瓦匠人使用的工具（曲洪祎　摄）

除了请专业石匠或瓦匠外，一家盖房，亲戚、朋友、庄乡都会主动来帮工，俗称“帮忙”。建房中的帮工是很重要的习俗。

民国十七年（1928）的《胶澳志》载："乡民建筑新屋及修理旧屋，大都自为工作，而亲友邻里协力助成，并不雇用工匠。稍裕之家虽亦雇工建筑，然上梁之日邻里竞为工作。此亦乡间之美俗也。"（转引自姜波等：《山东居住民俗》，济南出版社，2006年，第138页）在帮工中，庄乡占大多数。帮工不用户主特意去邀请，都是村里的人情往来。帮别人多，自己盖房时来帮忙的人就多。平时的帮工在10～20人之间，上梁的那一天可达百十口人。来帮工的都不要工钱，但是户主要负责饭、烟酒、茶水之类的招待。女帮工主要是负责做饭等活计。现在盖房，庄乡依然占帮工的绝大多数。前来帮忙的人，供远大于求，经常是一帮人在干，另一帮人在看，排班都排不上，但是户主还必须提供足够的烟、茶水、酒水、饭等给他们。

在潍坊青州井塘村，旧时穷的时候都是以菠菜、地瓜干、煎饼招待帮工，如今则以面条招待。因为帮工太多，所以工钱就省去了。现在盖房户主还会请几名专业的建筑工人，他们相当于过去的石匠把头，21世纪初他们的工资是一天30元。村民吴道学家盖房时，请了吴法平与孙世辉两名专业的建筑工人，主要负责建房技术的问题。他们两人都在村里的建筑队工作，与户主的关系不错，算是来帮忙的。

帮工（选自《玲珑山下井塘村》，第56页）

在淄博沂源，旧时一般百姓修建房屋会请三到五个石匠（大工），其他都是帮工。男人盖房，女人做饭。有事不能去帮忙的，也要带上酒、肉、烟之类的去探望。现在盖房一般包工包料，但亲戚朋友帮工、带礼探望的风俗依然存在。

另外，一般人家盖房，还需要资金上的帮助。要知道，农村建房是一件头等大事，一般人家很难独立完成，资金的互助是非常必要的。而建房之家只会在自己的交往圈子里寻求帮助。

三、农具

——山东传统农具及民俗

中国自古以来以农业立国，曾经创造了辉煌的农业文明。而农具是农业文明的重要组成部分，农具的发展与革新对农业生产起着重要的促进作用，正如元代农学家王祯所讲“田非器不成”。中国传统农具体现了中国古代科学技术的发展程度，反映了中国人民的勤劳与智慧，以及善于创造、勇于创新的优良品质和光荣传统。了解中国传统农具的产生、发展及对社会发展的影响，有助于我们了解源远流长的中国文明。

山东地处北温带，属温带季风气候，全省温暖湿润，适宜农作物的生长，是我国传统的农业大省及重要的粮食产地。山东主要的农作物有小麦、玉米、大豆、棉花、花生等。山东的农业生产方式决定了山东农具有其自身特点，并由此产生了相关的民俗活动。例如，在山东民间，流传着古代工匠祖师鲁班发明农具——磨、碾的传说，由此可见山东独特的农耕文化。

（一）整地农具——镢、犁、耙

1. 镢

镬

〔元〕王祯

銎柄为身首半圭，非锋非刃截然齐。
凌晨几用和烟斸，逼暮同归带月携。
已斫灵苗挑药笼，每通流水入蔬畦。
更看功在盘根地，办与春农趁雨犁。

（本诗引自〔元〕王祯撰，缪启愉、缪桂龙译注：《农书译注》，齐鲁书社，2009 年，第 453 页）

镢，古代亦作“镬”，是山东传统耕整农具，由镢头和镢柄组成。镢头为铁质，刃部稍宽，上有环銎；镢柄木质，楔入镢头銎内。镢主要用于松土、刨地、刨茬以及收刨根茎类农作物。此外，镢还有平田碎土的作用：人们一边用镢刨土，一边将镢头翻转，把刨起的土块打碎。这种方法传承至今。

在原始农业时代，镢和锄从结构来看，属于同类农具，但就功能而言有所区别：镢的板面厚而窄，刃窄而短，有利于施力以进行深层挖掘，可以用来收获高粱和黍等农作物，属于垦掘、耕整类农具；锄的板面薄而宽，主要用来松土和除草，属于中耕类农具。镢的作业期有季节性，而锄在一年四季都会用到。实际上在原始农业时代，人们对中耕除草的作用认识并不是很深刻，因而对镢与锄的功用区分并不明显，从这一点看镢和锄是同一类农具，直到鹤颈锄产生，才真正地使镢和锄从功能上有了区分。在整个镢锄类农具发展过程中，除了鹤颈锄外，镢和锄都很难绝对分

济南章丘西郭家庄·镢（曲洪祎　摄）

清楚，直到当代还是如此。

秦汉时期，镢仍是大田作业的主要翻土农具。东汉许慎《说文·金部》载：“钁，大锄也。”段玉裁注：“锄之大者曰钁。”（〔东汉〕许慎著，〔清〕段玉裁注：《说文解字注》，中州古籍出版社，2006年，第706页）意思是说镢是大锄。在整地作业中，镢与犁共同发展，互为补充，即使在耕犁成熟的时代之后，镢仍是犁未普及地区以及小面积土地耕作的主要农具。在秦汉时代，镢的发展处于从直銎镢向横銎镢的过渡时期，直銎镢逐渐减少，横銎镢逐渐增多。横銎镢改进了装镢柄的方法，不用安装楔，省略了安装程序，一次装柄即可使用，强度和硬度增加，更便于操作；从形制上，横銎镢的锐度更加明显，阻力减小，入土更深。

这一时期，多齿镢得到发展，成为镢类农具的重要组成部分。多齿镢入土阻力小，翻土面积大，碎土更容易，劳作效率更高，操作起来更为省力、便捷。多齿镢扩展了镢的功能，扩大了镢的使用范围。这一时期，铁镢成为主流，其他材质的镢逐渐减少。此后，镢的形制、材质及功用变化不大。

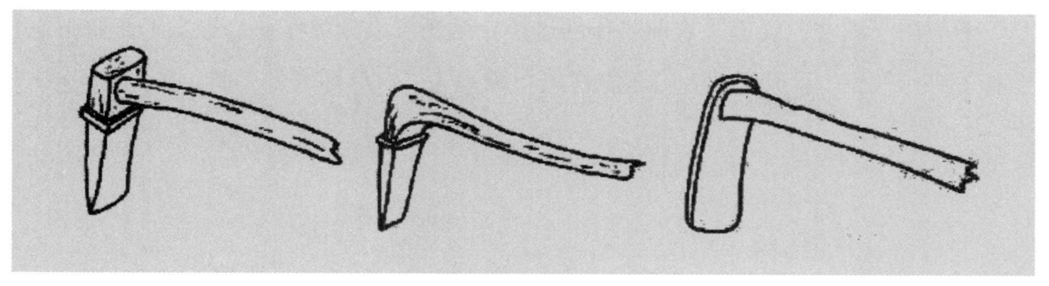

直銎镢装柄方法（选自学位论文《论中原农具造型演变的研究》）

宋元时期，镢已与当代差别不大。在考古发现中，也出土了不少宋元时期的镢。元代的《农书》对镢也有详细的记载：“镢，斸田器也。《尔雅》谓之镨，斫也，又云鲁斫。《说文》云：欘也。《玉篇》云：欘亦作斸。又作钃，诛也，主以诛除物根株也。盖镬，斸器也，农家开辟地土，用以斸荒。凡田园、山野之间用之者，又有阔狭大小之分，然总名曰镬。”（〔元〕王祯撰，缪启愉、缪桂龙译注：《农书译注》，齐鲁书社，2009 年，第 452 ～ 453 页）从中可以看出，当时的镢主要用来刨茬及刨地，其形状和尺寸有差别，功能也不一样，但都统称镢。

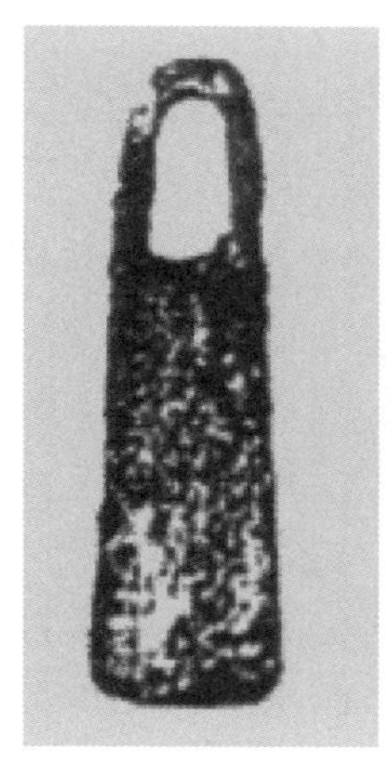

战国时期横銎镢（选自学位论文《论中原农具造型演变的研究》）

河北易县虚良冢村・三齿镢（选自学位论文《论中原农具造型演变的研究》）

山东各地镢的形制类似，其区别在于大小尺寸。在淄博沂源，镢是当地垦田、刨茬的主要人力工具。较宽的是板镢，用于刨地、整地；窄的为条镢，多用于起石劈柴，山岭薄地石头多，整地也用条镢。高山梯田，犁、耙皆无法使用，全凭人力用镢头翻地整田。在济南章丘及济南郊区，常使用一种既宽且长的大板镢刨地、整菜园等，称抓地、抓镢。在枣庄地区，翻地又叫刨地，常用镢。20 世纪 80 年代初期，实行家庭联产承包责任制，由于土壤肥沃程度差异大，为了分得平均，每户分得土地块多而小，机械用不上，而使用镢整地。使用镢从事农业劳作，劳动强度较大，需强壮的男性劳力。前些年，山东农村流行一种农具近乎镢头，又名板镢、砍镢，主要用于刨带茬高粱、玉米秸等。

镢应用于农业，促进了农业耕作的进步。镢还可以分散作业，扩大了作业面积，提高了耕作效率。直到近代，山东农村仍将镢列为“农具四大件（锄、镰、锨、镢）”之一。

2. 犁

田　上

〔唐〕崔道融

雨足高田白，披蓑半夜耕。
人牛力俱尽，东方殊未明。

（本诗引自〔清〕彭定求等：《全唐诗·第七卷》，中州古籍出版社，2008 年，第 3680 页）

犁是山东传统耕作农具，由犁铧、犁壁、犁底、犁梢、犁辕、犁箭、策额及牛轭等组成。犁铧、犁壁为铁制，是主要的功能构件，在耕作时与土壤直接发生摩擦，承受着较大的冲击力和摩擦力，耗损严重，所以需要用耐磨损的材质制作。犁的构架多为木质，因此较轻便，适于长时间操作；同时，又具一定重量，当犁底与土地接触时，不易产生摇摆。

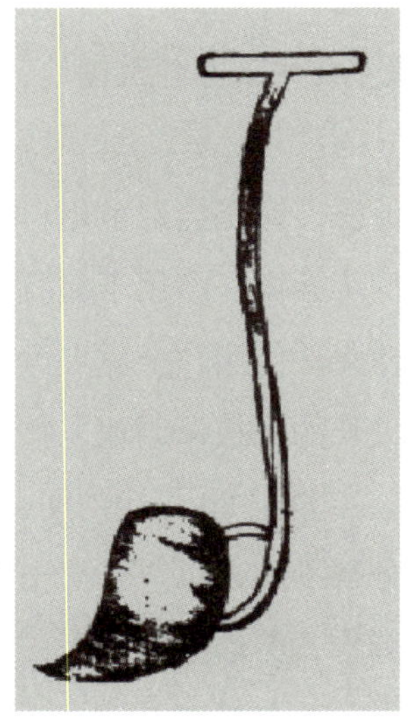
耒耜（选自《农书译注》，第 420 页）

犁的历史悠久，大约在新石器晚期就出现了石犁。犁由耒耜发展而来，早期的犁与耒耜的原则区别就是有没有辕。早期的犁，犁铧较狭小，以人力牵引，主要的功能是连续地开出一条沟，为播种服务，不能起土，亦不能翻土，这时的犁应称开沟犁或耧犁，原始农业后期已有了这类犁。犁的出现意味着耒耜由上而下间断劳作的方式发展成由后向前连续作业的犁耕。

春秋战国时期，犁的功能逐渐扩展，犁铧变大变宽，初步有了耕地的功能。春秋战国时期，铁质农具开始推广，出现了铁犁，虽然尚处在耕犁的早期阶段，但其犁刃锋利，硬度高且耐磨，使破土效率大为提高，与石犁和青铜犁相比是极大的进步，因此这一革新具有划时代的意义。由于犁的材质及功用发生了改变，需要较大的牵引动力，而人力难以胜任，于是畜力被应用于农业耕作中。《国语·晋语》载："夫中行、范氏不恤庶难，欲擅晋国，今其子孙将耕于齐，宗庙之牺为畎田之勤，人之化也，何日之有！"（〔战国〕左丘明著，〔三国〕韦昭注，胡文波校点：《国语》，上海古籍出版社，2015年，第335页）意思是说，过去为宗庙作牺牲祭品的牛，现在用到田里耕地了。

秦汉时期，犁的构造有了进一步的发展，发明了在犁铧的后部加上弧形犁壁的耕犁。犁壁安装在犁铧之上，由两者构成复杂的不连续

济南商代晚期铜犁（选自《中国农具通史》，第256页）

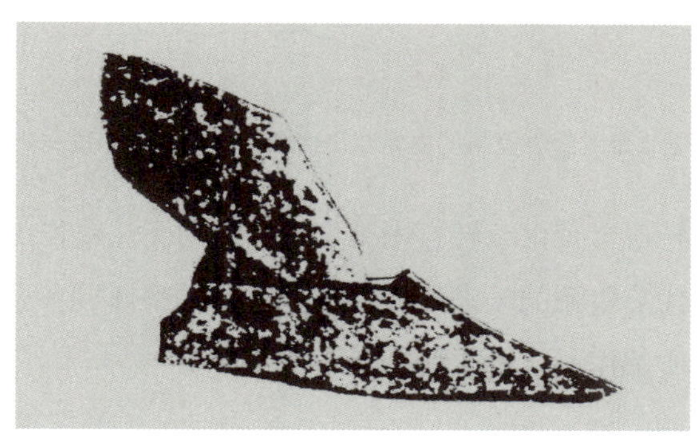

陕西咸阳·铁犁铧犁壁组件（选自《中国农具通史》，第286页）

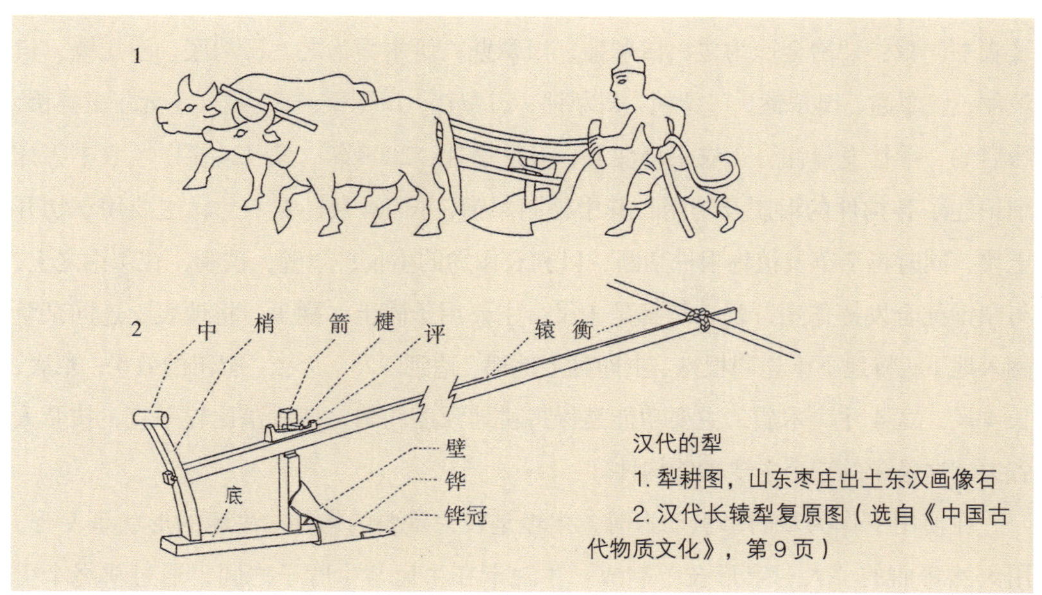

汉代的犁

1. 犁耕图，山东枣庄出土东汉画像石

2. 汉代长辕犁复原图（选自《中国古代物质文化》，第9页）

的曲面体，当犁铧将土块切开掀起时，形成的土块沿犁壁曲面上升，经过犁壁的曲面与犁铧的曲面交界处向侧前方翻转落下，变成较碎的小土块。犁壁与犁铧配合使用，使耕犁的结构发生了革命性的变化，更有利于耕作中翻土、碎土，提高了犁耕的质量，促进了农作物产量的提高和农业的发展。

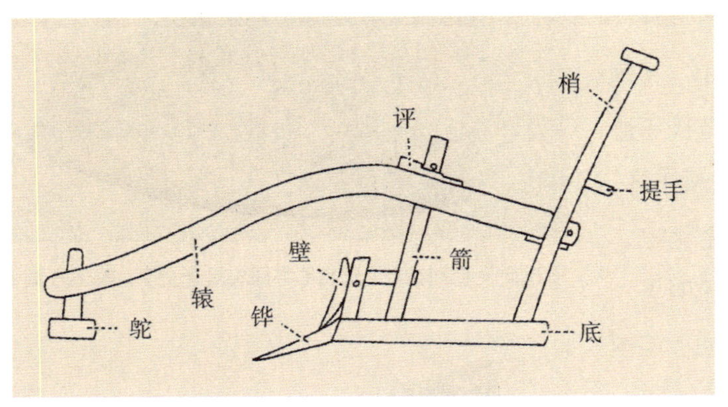

据《耒耜经》复原的曲辕犁（选自《中国古代物质文化》，第 9 页）

经过魏晋及隋唐时期的发展与完善，耕犁的结构和功能日趋成熟，成为耕翻土地的主要农具。唐代以前的犁是直辕犁，回转困难，耕地费力，只适合大田作业。唐代对直辕犁做了改进，出现了曲辕犁。曲辕犁改变了长辕犁转弯半径大、转弯困难、田头地角无法耕作的缺点，使之更适合小面积田地使用。唐代陆龟蒙的《耒耜经》对曲辕犁的整体到各个部分，使用功能、尺寸大小以及所用材质都作了比较详细的论述。

到了元代，《农书》对当时的犁作了较为详细的记载：“犁，垦田器。《释名》曰：犁，利也。利则发土，绝草根也。利从牛，故曰犁镵。”（〔元〕王祯撰，缪启愉、缪桂龙译注：《农书译注》，齐鲁书社，2009 年，第 424 页）对于犁的构件，《农书》载：“冶金而为之，曰犁镵，曰犁壁；斫木而为之，曰犁底，曰压镵，曰策额，曰犁箭，曰犁辕，曰犁梢，曰犁评，曰犁建，曰犁槃……。”（〔元〕王祯撰，缪启愉、缪桂龙译注：《农书译注》，齐鲁书社，2009 年，第 424 页）《农书》详细记述了各构件的形制及功用，其中铁制犁镵，长 1.4 尺，宽 6 寸，主要用于切开土块，同时将杂草及植物根株切断，以利农作物的生长；犁壁，铁制，在犁镵之上，与犁镵配合发挥作用，长、宽都是 1 尺，主要用于碎土、翻土，将地表土连同杂草翻入地下，将地下土连同根株、虫卵翻上地面，达到除草、灭虫、肥田的效果；犁底，长 4 尺，宽 4 寸，木质，主要功能是保持耕地深度均匀，使耕垄比较平直，扶犁人省力。这是犁的三个主要功能构件。

在使用牛作为犁的牵引动力时，牛轭是较为重要的构件。牛轭的形状呈 V 形，用天然弯曲的“人”字形枝丫制成。牛轭卡在牛肩与牛脖子之间，通过耕绳牵引犁，牛肩是受力最大的部位。《农书》中载：牛轭，“字亦作軶，服牛具也。随牛大小制之。以曲木，窍其两旁，通贯耕索，仍下系鞅板，用控牛项，轭乃稳顺，了无轩侧。”（〔元〕王祯撰，缪启愉、缪桂龙译注：《农书译注》，齐鲁书社，2009 年，第 448 页）意思是说，牛轭是牛拉犁的工具，根据牛的大小制成。“轭”字出现较早，《说文》载：“轭，辕前也。”（〔东汉〕许慎著，〔清〕段玉裁注：《说文解字注》，中州古籍出版社，2006 年，第 726 页）车的发明很早，用牲畜驾车时就要用轭，不过当时的轭既直且长，一般使用两头牲畜，即“二畜抬杠”，所抬的杠就是轭。元代《农书》中所绘的牛轭与现代已无差异。《农书》还以诗描述了牛轭的形制和功用：“轭也如折磬，居然在牛领。止转檠乃安，引耕索还整。屈形深拥肩，藉力控垂颈。归挂屋厦时，嘉苗满田顷。”（〔元〕王祯撰，缪启愉、缪桂龙译注：《农书译注》，齐鲁书社，2009 年，第 448 ～ 449 页）

在枣庄一些地方，犁地也叫“耕地”，一般以三头牛拉一张犁称一犋，假使一头或两头牛能拉动犁也称一犋，只是当地土壤坚实，一头牛很难拉得动，所以并未出现一头牛即一犋的情况。20 世纪 50 年代前后，每年农历二月，雨水过后，春耕开始。春耕第一次耕地称开犁，也叫试犁，就是让三头牛组成的一犋牛相互适应，边耕地边调试犁。如果犁翻向一边的土块挺拔、明亮，则不需调试犁；如果土形不成湿块，翻向一边不集中、松散，就需要调试犁。试耕次日早晨给牛“上套”称“早套牛”。耕牛每天出勤几次称“几套地”，最多一天“两套地”。春天一般一天一套地，吃过早饭上套，中午 12 点以后下套；秋天，天气热、地多，还要赶耕，一般一天两套地，即早晨天不亮给牛上套，九点钟左右卸套，下午两点上套，四五点钟卸套。具体时间还要根据一犋牛在农时需耕多少地而定，总之不能耽误农时。耕地质量的好坏、进度的快慢与耕牛力气的大小密切相关，当然还取决于扶犁手驾驭牛的熟练程度。20 世纪 50 年代左右，扶犁手对牛的饲养、脾气性格非常了解，什么时候让牛休息反刍、什么时候牛饿了、渴了或累了，都了如指掌。另外，好的扶犁手需要判断土地的干湿、软硬等条件，知道什么形状的地用什么方法耕、一块地先分几畹子去耕。地耕得恰

山东乡情展馆・牛轭（郭晓宁、史天思　摄）

当，地头、地角剩的少，减少了刨地边、地角的难度。好的犁手犁出的地，土垡均匀，地面平整。

在潍坊安丘，人们同样认为扶犁是个技术活，扶犁的人称“犁把子”，好的犁把子耕得深浅一致，效率也高。犁把子除了扶好犁之外，还要赶着牲口以牵引犁，通常肩上搭着一条鞭子，不时地吆喝，再挥动几下鞭子。吆喝牲口的语言多样，如果是驴和骡马还简单一些，直耕时吆喝“给！”或“咦！”，拐弯时连着吆喝“wao，wao！”，停止则拖着下降的长腔“依——”。如果是牛，其他的时候与吆喝驴等一致，直耕时吆喝“啊啦嘹嘹——嘹嘹——嘹嘹——……啊啦！”；让牛耕的快点吆喝“啊啦！”，牛一听到吆喝就加快了步伐。

在淄博沂源，民间还流传着许多耕地的谚语，如“冬天深耕田，胜过水浇园”，“耕地耕得早，能灭虫和草”，“冬耕拉满犁，春耕划破皮”，“耕地深一寸，顶上一遍粪”。这些谚语既有农技谚语，也有体现耕地对于收获重要性的谚语。

耕犁在我国产生较早，在唐代出现曲辕犁后，其形制结构与功用完全成熟。通过牛牵引犁，耕作者并不需要使用很大的气力，只需一手扶犁，同时稍用力下压，犁铧即可向下发力翻土，大大减轻了人们的劳动强度。其良好的使用性和可操控性使犁成为中国农具发展史上的标志性农具，并一直沿用至今。

3. 耙

耙

〔元〕王祯

古人制农器，因物利其利。
犁耕起厥初，耙入抑为次。
迹居镅铸功，齿有渠疏义。
再遍不妨多，稼事匪求易。

（本诗引自〔元〕王祯撰，缪启愉、缪桂龙译注：《农书译注》，齐鲁书社，2009年，第434页）

耙是山东传统整地农具，以畜力牵引，主要用于粉碎土块，平整土地，清除杂草，熟化土壤。传统耙属于钉齿耙，分方耙和人字耙，山东地区多为方耙。方耙由耙体、耙齿、拉环、踏板等构件组成。耙体为长方形木制框架，因面积较大，能克服较大阻力。耙齿为铁制，下端尖斜，装在耙梁上。前后梁上的耙齿并不对齐，而是交错排列。为了减小阻力及不黏土，耙齿不是垂直钉入耙体，而是稍微向后倾斜，同时，露出梁下10厘米左右，以加强碎土和除草的功效。耙齿是主要的功能构件，耗损最为严重，故采用耐磨的铁制成。拉环亦为铁制，装于耙体前后梁的侧面，以拴系绳索。踏板竖向钉在耙体中部，与耙梁相连接，能够加强耙身的稳定性。耙具有良好的使用性和可操控性。耙地时，人分开双腿站于其上，通过牲畜的牵引，操作者不需要很大的气力；同时稍用力拉动提拉环，即可实现碎土、平地及覆土。另一手持缰绳，执鞭驱赶牲畜，使之匀速前进。古农法云：犁一耙六。意思是说，犁耕一遍之后，还要用耙再耙地六遍，才能做到熟化土壤。这说明古人已经认识到耙地的重要性。

山东乡情展馆·耙（郭晓宁、史天思　摄）

耙大约发明于汉代。东汉《说文解字》以及三国《广雅·释地》等都有记载。魏晋南北朝时期的壁画中已有单梁耙的图像，北魏《齐民要术》中也有关于耙的描述，这些都说明魏晋之后，耙的使用已相当普遍。宋代《六书故·植物一》载："欔，卧两钉，著击其下，人立其上，而牛挽之……。"（转引自周昕：《中国农具通史》，山东科学技术出版社，2010年，第619页）欔即耙，其使用方式与今类同。此外，元代《农书》、明代《农政全书》等都有详细记载。

从耙的结构来看，最先形成的是单梁耙，即在一根木梁上安装一排铁齿或木齿，再垂直于木梁安装一根木制的长辕，采用二牛抬杠式牵引；之后出现了双辕单梁耙，为一牛牵引；再以后是双梁耙，最早的图像见于南宋楼璹的《耕织图》。

关于耙的尺寸，元代《农书》作了较为详细的记载："耙，桯长可五尺，阔约四寸，两桯相离五寸许。其桯上，相间各凿方窍，以纳木齿。齿长六寸许。其桯两端木栝，长

可三尺；前梢微昂，穿俩木榈，以系牛挽钩索。此方耙也。”（〔元〕王祯撰，缪启愉、缪桂龙译注：《农书译注》，齐鲁书社，2009年，第433页）从中可以推断出当时的方耙长约155厘米，宽约100厘米，齿长约10厘米。

南北朝壁画中的双牛单梁耙地图，甘肃嘉峪关出土（选自《中国古代饮食文化史》，第116页）

至于耙的功能，《农书》引《耒耜经》说：“凡耕而后有耙，所以散坺去芟，渠疏之义也。”“耙功不到，则土粗不实，后虽见苗，立根根土不相着，不耐旱，有悬死、虫咬、干死等病。耙功到则土细又实，立根在细实土中。又碾过，根土相着，自然耐旱，不生诸病。盖耙遍数唯多为熟，熟则上有油土四指，可没鸡卵为得。”（〔元〕王祯撰，缪启愉、缪桂龙译注：《农书译注》，齐鲁书社，2009年，第433页）意思是说，犁耕之后还要耙地，耙地不到位，土块粗大，种下种子也可出苗，但是由于土块粗大，作物的根与土壤结合不够紧密，获得的水分和养分不够充分，不耐旱，容易导致作物因根部悬空而枯死，而且易发生病虫害。如果耙到位了，种子发苗于既细又实的泥土，再经播种时的碾压，作物的根与土壤自然结合紧实，作物抗旱能力强，不易发生病虫害。耙的次数越多，泥土越熟，越利于作物生长。

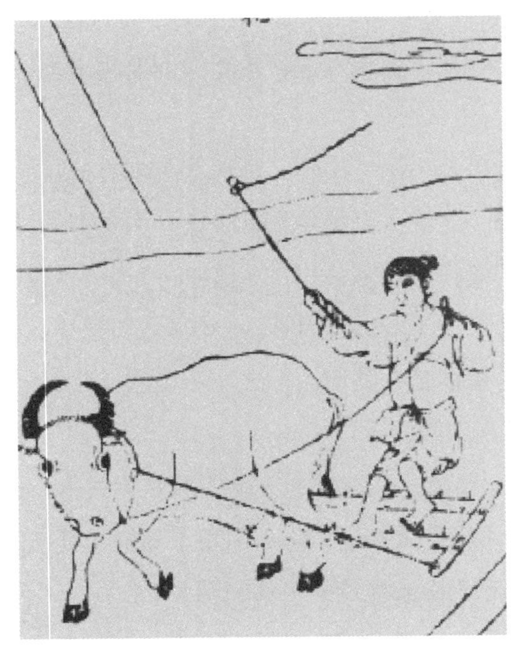

明代宋应星《天工开物》中的一牛双梁耙（选自学位论文《清殿版〈御制耕织图〉研究》）

在枣庄地区，耙地是项技术活。耕后多久耙地、耙几遍，要根据气温高低、土壤干湿程度而定。土壤稍湿，耕后晾晒一下再耙。耙早了，土壤黏结，不利于作物生长；耙晚了，土壤水分蒸发，土块变硬，不易破碎，当地称“蒺藜”，种下作物也不易发苗。如果土壤干裂，水分极少，连耕翻也不能进行，只能等下雨后找适当时机再耙。耙地的次数要视土壤干湿程度而定，其标准是将土块碎细为准。如果干湿适宜，耙两遍即可；比较干的大都耙三遍；“蒺藜”土壤，耙再多遍也不行。最怕的是耕后或来不及耙突然下雨，这样的土地非常不利于作物的生长。有经验的庄稼把式，看要下雨，就不再继续耕，而把耕的先耙一两遍。耙地需要有经验的扶犁手。人站在耙上，重心在后，拽紧系在耙上的绳索；身子站直，使牲畜用力匀称，否则重心向前站不稳。有经验的扶犁手站在耙上，随着土块大小、多少而颠簸却操持自如，不时地高唱喝牛曲，喊出的调子洪亮，几里路外都能听得见。耕牛听见扶犁手的“打喝”（俗称），用力向前拉，与曲调恰巧合拍。

在淄博沂源，流传“深耕如上粪，细耙似浇水”，“犁在深土，耙在油土，种在湿土，锄在浮土”等关于耙地的农技谚语，这充分体现了人们对耙地重要性的认识。

犁、耙的连续性生产作业体系，是山东地区农耕作业的主体。犁耕后用耙将土块粉碎，不仅可以改变土质的结构，起到抗旱保墒的作用，还可以起到抑制虫害、清除杂草的作用，为之后的播种奠定基础。耙的使用大大减轻了劳动者的劳动强度，提高了劳作效率，使得农业生产更趋向于精耕细作。耙是农具发展史上重大的发明创造之一，对我国的农业生产起到了重要的促进作用。

（二）播种农具——耧车

和圣俞农具诗·耧种

〔宋〕王安石

富家种论石，贫家种论斗。
富贫同一时，倾泻应心手。
行看万垄空，坐使千箱有。
利物博如此，何惭在牛后。

（本诗转引自王永厚：《王安石与梅尧臣唱和农具诗》，《农业考古》1984 年第 1 期）

耧车，又称耧，是山东传统的播种农具，可用于播种小麦、大豆、高粱等农作物，主要由耧腿、耧铧、耧斗、耧把、籽粒槽、耧辕等组成。耧铧为铁制，其余部件为木制。耧把的造型弯曲圆润，粗细适中，符合人手的握持习惯，方便长时间操作，减轻了劳作的疲劳。耧斗用于盛放种子，耧斗下方有供种子漏出的小孔，称耧门。耧门上装有闸板，通过提高或降低闸板，扩大或缩小漏孔的大小，以调节种子流出的数量，控制播种的间距。胶东地区耧车的耧斗内有圆柱形小锤，下连铁丝，铁丝下端置于耧门。摇动耧把，小锤敲打耧斗壁振动，铁丝搅动种子，有利于种子流出，避免堵塞。小锤的敲击声，随流量的控制时急时缓，悦耳动听。耧斗的漏口与籽粒槽相通，籽粒槽又与耧腿相通，耧腿中空，下端插入耧铧的孔中。耧腿、耧辕有着优美的曲线，耧铧呈“V”形或菱形，耧斗呈倒梯形，这些造型在满足功能需求的基础上，也使耧车具有质朴的美感，在生产劳动的过程中给人们带来心理和感官上的愉悦。

耧车的出现与农作物的分行栽培是分不开的。在原始农业时期，人们通常采用点播或撒播的方式播种，这样长出来的庄稼植株间距不均匀，不利于对阳光和养分的吸收，也不利于除草除害。先秦时已出现了分行栽培技术，《吕氏春秋》载：“茎生有行，故遬长；弱不相害，故遬大。衡行必得，纵行必术。”（〔战国〕吕不韦门客编撰，关贤柱、廖进碧、钟雪丽译注：《吕氏春秋全译》，贵州人民出版社，1997 年，第 980 页）意思是播种时要纵横成行，作物才能生长得好。耧车的出现，为分行栽培提供了可能，它能够保证行距、株距整齐一致，有利于作物的快速生长以及田间中耕除草。

山东乡情展馆・耧车（曲洪祎　摄）

耧车在汉代已具雏形。北魏贾思勰《齐民要术》引东汉崔寔的《政论》：“武帝以赵过为搜粟都尉，教民耕植，其法三犁共一牛，一人将之，下种，挽耧，皆取备焉，日种一顷。至今三辅犹赖其利。”（〔北魏〕贾思勰撰，李立雄，蔡梦麒点校：《齐民要术》，团结出版社，1996年，第4页）这种三脚耧车可以保证行距、株距始终如一，两人一牛使用耧车只需要一天的时间即可播种一顷地，极大地提高了播种效率。魏晋南北朝时期，耧车已完全成熟。敦煌莫高窟454窟的北宋壁画也有表现耧种的场面。壁画显示耧车为三足、双辕，耧车上端有一横木作为把手，稍下又有一横木，横木上置方形耧斗。

北宋·耧车图（选自《中国农具通史》，第529页）

元代《农书》中对当时在中国北方普遍使用的两脚耧进行了详细地描述：耧车，“下种器也”，“夫耧，中土皆用之，他方或未经见，恐难成造。其制：两柄上弯，高可三尺；两足中虚，阔合一垄；横桄四匝，中置耧斗，其所盛种粒，各下通足窍。仍旁挟两辕，可容一牛。用一人牵傍，一人执耧，且行且摇，种乃自下。此耧种之体用，今特图录……近有创制下粪耧种，于耧斗后别置筛过细粪，或拌蚕沙，耩时随种而下，覆于种上，尤巧便也。今又名曰种莳，曰耩子，曰耧犁，习俗所呼不同，用则一也”（〔元〕王祯撰，缪启愉、缪桂龙译注：《农书译注》，齐鲁书社，2009年，第442～443页）。从中可见当时耧车的形制、使用方法及俗名，而且当时的耧车还有了新的功用——下粪耧种。直至今天，耧车的形制仍与王祯所记基本类似。

使用耧车播种时，先将牲畜套入耧辕内，将种子倒入耧斗。一人牵牲畜，控制行进方向；一人扶耧车，控制高低，以调节耧铧入土的深浅，边走边摇耧车，以使种子从耧斗中流出，经过籽粒槽进入耧腿内，从耧腿再流入耧铧开出的沟中。扶耧是技术活，既要掌握入土深度，又要掌握播种数量及均匀。耧车后面，还可以拖挂薄木板或木棒横放在播种的垅上，随着耧车的前行，将土耙平，把种子覆盖在土下。耧车的结构精巧，能够使种子入土均匀、深浅一致，节省种子。耧车将开沟、下种、覆土等三项作业合而为一，简化了操作环节，减轻了劳动强度，提高了农业作业的效率。

按耧腿的数量，耧车可分为独脚耧、二脚耧、三脚耧、四脚耧等样式。在淄博沂源，新中国成立前多使用单脚耧和行距为一市尺的双脚耧；20世纪60年代开始推广六寸耧和八寸耧，亩播种量9～10千克；70年代后，采用精细播种，推广

低播量经验，播种小麦的行距平均6～8寸，播深1.5～2寸，播种量在7～12千克。在山东枣庄，播种种植面积最大的作物，称开耧。20世纪五六十年代，当地春高粱播种面积最大，称开耧；秋季开始播种小麦，称开耧；80年代后，春季播种作物面积很小，开耧专指秋季小麦播种。

耧车是我国古代劳动人民勤劳智慧的结晶，是中华古代农业文明的重要载体，为农业生产的发展做出了重大贡献。直到20世纪七八十年代，在山东各地仍可见到耧车的身影。但是随着生产技术的进步，耧车已被现代机械化播种机所取代，逐渐退出了历史舞台。

（三）中耕农具——锄

悯农

〔唐〕李绅

锄禾日当午，汗滴禾下土。
谁知盘中餐，粒粒皆辛苦。

（本诗引自〔清〕彭定求等：《全唐诗·第五卷》，中州古籍出版社，2008年，第2501页）

锄为山东传统中耕农具，主要用来除草、整地、松土和间苗等。东汉《说文》载：“锄，立薅所用也。”段玉裁注：“薅者，披去田草也。斫者，斤也。斤以斫木，此则斫田草也。云立薅者，古薅草坐为之，其器曰槈，其柄短。若立而为之，则其器名曰锄，其柄长。”（〔东汉〕许慎著，〔清〕段玉裁注：《说文解字注》，中州古籍出版社，2006年，第706～707页）就是说“槈”是农民坐着或蹲着除草的农具，而锄有较长的柄，是农民站着除草的农具。东汉刘熙《释名》载“锄，助也，去秽助苗长也”（〔东汉〕刘熙：《释名》，中华书局，1985年，第104页），是说锄是用来松土除草的。

锄由锄钩、锄裤、锄柄和锄板构成。锄柄木质，长 1～1.5 米，粗不盈握，一端榫入铁质锄裤内，锄裤与锄钩相连，锄板嵌入锄钩前端。锄板薄并呈半月形，锄刃锋利，利于松土。锄板两侧斜削，以防锄草时伤庄稼。锄板与地面成一定的角度，角度小，锄不易入土，枣庄地区称“懒”；角度大，则下地太深，枣庄地区称“馋”。执锄者可以根据自身的身高状况，调节锄钩使锄板与地面呈不同的角度大小，从而不用弯腰便可轻松锄草，在劳作中节省体力。

济南章丘西王黑村·大锄（曲洪祎　摄）

根据学者的研究，锄产生于新石器时代，只是那时的锄在形制与功能上与镢类似，主要用来垦地、刨土、挖土，入土深，属于整耕农具。早期的锄很少用于除草、间苗，如要除草

东汉壁画·锄禾图（选自学位论文《汉代墓室壁画色彩研究》）

间苗，入土要浅，疏松表层土，去除杂草。西周以前锄多为石制，也有极少数青铜制的；战国以后多为铁制；秦汉时期，锄是重要的中耕除草农具，主要是铁制的。秦汉时，鹤颈锄（鹅脖锄）兴起。铁制鹤颈锄是新的结构形式，产生了新的功能及操作方法。锄的功能的变化，说明农业生产中中耕除草成为越来越重要的内容。北魏时期的《齐民要术》中记载了锄的多种用途，如锄草、播种、间苗补苗等。从锄的使用方法上看，当时已经有了具备一定刨地功能类似镢的板锄和具有除草松土功能的鹤颈锄。元代的《农书》载："北方陆田，举皆用此。江淮间虽有陆田，习俗水种，殊不知菽、粟、黍、穄等稼耰锄镞布之法，但用直项锄头，刃虽锄也，其用如斸，是名'钁锄'，故陆田多不丰收。"（〔元〕王祯撰，缪启愉、缪桂龙译注：《农书译注》，齐鲁书社，2009年，第474页）可见当时北方多用鹤颈锄，而南方特别是江淮一带多用板锄。这种现象一直持续到近代。

山东乡情展馆・手锄（郭晓宁、史天思　摄）

在山东农村，锄按尺寸大小可分为两类：大锄（鹤颈锄）、手锄。大锄柄长体重，主要用于玉米、高粱等秋粮的田间锄草、松土等。还有一种是短小的手锄，锄板小且柄短，可蹲坐于田间地头劳作，简易方便，俗称"小挠子""小扒锄"。除了锄的尺寸大小有差异外，根据各地使用习惯、土质和农艺要求的不同也各有其类，如就锄板而言，山东各地就有平板、鹰膀、平肩、圆肩、弓形等。鲁北农村地区日常使用的锄的锄钩与鲁南有区别，当地锄钩较短，而柄加长。从山东全省范围来看，多数锄的锄钩较长，而锄柄较短些。

山东各种的锄地方法一般是执锄者两脚自然分开，一前一后，呈丁字形，两腿微弯，两手一前一后握锄柄向前出锄。下锄时，先下锄板一角，一则观察下锄是否合适，二是是否便于入土；然后双手向后拉锄，锄去杂草。在锄地过程中双脚和双手要时常调换前后位置，潍坊安丘地区称“倒务”，这样有节奏地锄地比较省力，能够减轻劳作的疲劳。一般情况下，每人每天可锄地 2 ～ 3 亩不等。

山东农村各地有很多锄地的农谚，如“夏天锄个驴打滚，强似雨天锄十遍”，“麦锄三遍面满斗，谷锄八遍饿杀狗（糠少）”，“干锄地瓜，湿锄瓜，不干不湿锄棉花；棉花锄十遍，转身一提篮”等。还有“锄上有水又有火”，意思是旱涝都要锄地：天旱时锄地可以切断土壤的毛细管，减少水分蒸发；涝时锄地可以疏松土壤，增加水分蒸发，从而流通空气，提高地温，有利于作物的生长。夏天雨季来临要及时锄草，雨后如不及时除草，田间杂草长得很快，再下一场雨，想耪地也来不及，这样会大大减少粮食的产量，就会是一个歉年。唐诗中“锄禾日当午，汗滴禾下土”的诗句，也蕴含了科学的道理：夏天多雨、地湿，锄过的草会复活，而天热时除草，杂草经过毒日暴晒成活的概率很低。当午锄禾是农业生产累积的经验。

在山东农村，锄是使用范围最广泛、最普及的农具之一，至今人们仍在使用。

（四）收获农具——镰刀

镰

〔元〕王祯

利器从来不独工，镰为农具古今同。
芟余禾稼连云远，除去荒芜卷地空。
低控一钩长似月，轻挥尺刃捷如风。
因时杀物皆天道，不尔何收岁杪功？

（本诗引自〔元〕王祯撰，缪启愉、缪桂龙译注：《农书译注》，齐鲁书社，2009 年，第 492 页）

镰刀是山东传统的收割农具，由镰头和镰把构成。在农业发展的早期，人们只收割穗不收割秸秆，当时的收割农具叫铚。春秋时期的《诗经》中说："命我众人，庤乃钱镈，奄观铚艾。"（葛培岭注译评：《诗经》，中州古籍出版社，2005年，第282页）意思是说让众人收拾起中耕农具钱镈，准备好收割农具铚艾。

山东乡情展馆·镰刀（郭晓宁、史天思 摄）

早期的镰与铚没有明显的区别，其材质有石、蚌、骨等，其形状近似长方形或半月形，表面多钻有单孔或双孔，无孔者两端多有缺口，穿绳固定于手上，以收穗；到商周时期，已经开始使用青铜镰，但石镰、蚌镰仍是主流；秦汉时期，铁镰逐渐成为主流，其用途也不仅限于收穗及秸秆。北魏贾思勰《齐民要术》引西汉的《氾胜之书》："区中草生，……苗长不能耘之者，以刨镰比地刈其草矣。"（〔北魏〕贾思勰撰，李立雄、蔡梦琪点校：《齐民要术》，团结出版社，1996年，第20页）说明镰刀不仅是收割农具，还能作为中耕除草农具。这也是传统农具一物多用的体现。自汉代后，镰的形制基本定型。敦煌莫高窟116窟的唐代壁画表现了收割送饭的场景，图中一农夫蹲坐，右手持镰刀，收割庄稼。

唐代收割图（选自《中国农具通史》，第525页）

敦煌莫高窟454窟的宋代壁画也有收割的场景，图中三个农夫，一人正持镰刀收割庄稼，一人打捆，另一人抱着离开。

元代《农书》载：镰，"刈禾曲刀也。《释名》曰：镰，廉也，薄其所刈，似廉者也。又作镰。《周礼》：薙氏掌杀草，春始生而萌之，夏日至而夷之。郑康成谓：夷之，钩镰迫地芟之也，若今取茭矣。《风俗通》曰：镰刀自揆，积刍荛之效。然镰之制不一，有佩镰，有两刃镰，有袴镰，有钩镰，有镰梠之镰，皆古今通用芟器也。”（〔元〕王祯撰，缪启愉、缪桂龙译注：《农书译注》，齐鲁书社，2009 年，第 491 页）从中可以看出，镰刀作为收割农具有很多种类。

宋代・收割图（选自《中国农具通史》，第 529 页）

明末清初以来，在手工业发展的基础上，山东出现了很多有名的镰刀，如临清“王一摸镰刀”、滕州“羊桥镰刀”、济阳“曲堤镰刀”、博山“八陡镰刀”等，其优点是镰刃锋利，经久耐用。山东各地使用的镰刀有十几种，但主要的有钉镰、裤镰两种。钉镰是将镰头用铆钉直接铆在镰把上，这种镰较为轻巧，适于收割麦类作物或禾草；裤镰的镰头带有镰裤，镰把榫入镰裤，这种镰相对厚重，常用于收砍高粱、玉米、荆条等秸秆较硬的作物。鲁北、鲁中及胶东部分地区常使用一种通用型镰刀，类似轻巧的裤镰，常用于收割小麦、玉米、高粱等。除此之外，山区用以割取草木的称柴镰，菜园用的称韭菜镰，棉区用以拔棉花柴的叫端镰。

在胶东地区，曾使用镰刀割麦。割麦时，一般右手持镰，左手揽一把麦秸，或蹲或弯腰，于麦根之上两三厘米处平割，然后将麦秸放成堆，达到一定数量时，以十几根麦秸捻成一股做绳捆扎，天气好的话可几扎一堆竖起，晾晒一下，然后运送至场院脱粒。在潍坊安丘，收割高粱称“杀秫秫”，在高粱根部之上两节用镰割，割倒之后用扦刀子将穗子连同上节莛子扦下来，运到场院脱粒。在枣庄地区，开始用镰刀收割播种面积最大的作物称开镰，当地专指小麦的收割。收割小麦时，随割随用麦秸捆成个，称“麦个子”，然后挑运到场院。旧时收割小麦留茬越少越好，这样可以多出麦秸，以留作牲畜的饲料。现在多留高茬，因麦秸不再用作饲料，烂在地里以肥田。

随着社会的发展及农业生产技术的进步，作为收获农具的镰刀正被现代农业收割机械所取代，逐渐退出历史舞台。

（五）脱粒农具——碌碡、连枷

1. 碌　碡

春日田园杂兴

〔宋〕范成大

骑吹东来里巷喧，行春车马闹如烟。
系牛莫碍门前路，移系门西碌碡边。

（本诗引自〔清〕陈衍评点，曹中孚校注：《宋诗精华录》，巴蜀书社，1992年，第454页）

碌碡是用于粮食脱粒、平地和碎土的一种多用途的传统农具。据学者考证，碌碡可能产生于西汉，三国两晋南北朝时期得到推广和应用，并在之后普及开来。碌碡最早的名称叫“辘轴”“辊轴”。北魏《齐民要术》载：“先放水，十日后，曳辘轴十遍。”（〔北魏〕贾思勰撰，李立雄、蔡梦琪点校：《齐民要术》，团结出版社，1996年，第58页）大约在隋唐时期有了专用名称“礳碡”。唐代陆龟蒙《耒耜经》载：“碌碡，觚棱而已，咸以木为之，坚而重者良。”（周昕：《〈耒耜经〉和陆龟蒙》，农业出版社，1990年，第17页）

碌碡的主体是一个圆磙，直径一般在25～50厘米不等，长度在80～120厘米之间。圆磙括以长方形木框或铁框，胶东地区称挂子。框内装短轴嵌入圆磙两端的孔洞，框上系绳索，以畜力或人力牵引。元代的《农书》中记载了碌碡的形制与功能：“余谓碌碡字皆从石，恐本用石也。然北方多以石，南人用木，盖水陆异用，亦各从其宜也。其制长可三尺，大小不等，或木或石；刊木括之，中受簨轴，以利旋转。又有不觚棱，混而圆者，谓之混轴。俱用畜力挽行，以人牵之，碾打田畴上块垡，易为破烂；及碾捍场圃间麦禾，即脱稃穗。水陆通用之。”（〔元〕王祯撰，缪启愉、缪桂龙译注：《农书译注》，齐鲁书社，2009 年，第 440 页）从中可以看出，王祯对南北方的碌碡材质、形制与功能进行了分类。

济南章丘三德范·碌碡（曲洪祎 摄）

山东农村使用的碌碡主要是石制，具有漂亮的机理和质感。其制作工艺相对简单，首先选用上好的没有裂痕的石灰石或花岗岩石，用锤子和钎子将其凿打成圆柱体，两端中心凿孔洞，再将其打磨成所需要的形状。山东的碌碡按形状可分为两类：一类碌碡表面平滑，形状显粗壮，潍坊安丘称“混子”“碌子”，胶东地区称“砘子”，这种碌碡主要用来脱粒、碎土及压场；另一类碌碡表面有弧棱，以增加碾压的强度，临沂地区称“王子碌碡”，这种碌碡主要用于粮食脱粒。

在胶东地区，小麦脱粒称打麦，打麦前先要备打麦场，称打麦场院。通常选一离村头较近的便利农地，种一茬早熟大麦，收大麦时要用手拔，连根拔除，用锄将其余麦根清理干净，再用耙打碎土块，整平块地；之后以水泼湿地面，称泼场，上面撒上去年存的麦糠，用表面光滑的碌碡反复滚压，俗称滚场院；把麦糠扫出来，再滚压一两遍至场院表面光滑、坚实，然后晾晒干，就可以将小麦运至场院打麦了。如遇上下雨天，场院变泥泞了，还需要再撒上麦糠，用碌碡滚压一遍，扫出麦糠，再用碌碡滚压至场院表面光滑、坚实。打麦时使用畜力，一般用马、驴、骡子，不用牛。先套上牲口，使绳索与碌碡挂子相连，再给牲口带上捂眼，打场人处于中央驱赶牲口圆转而行。由于石碌一头大、一头略小，也便于回转。为使碌碡压遍整个场院，又在碌碡挂子处连接长竿，称指竿，由打场人掌控，以规范碌碡的行进方向。经过碌碡的碾压，小麦被压平，再用叉翻转，称翻场，继续碾压，直至小麦完全脱粒再收场。

旧时临沂地区，有豪绅之家为炫耀富贵，会打响场。打响场时，在碌碡挂子和牲口身上系上许多铃铛，牲口牵引碌碡，铃铛叮当作响，既好听又热闹。在过去，百姓听说哪家打响场都会赶来看热闹。当地还有一种风俗，婴儿过百日时请一位有儿有女有丈夫的全福媳妇，坐在碌碡上为婴儿穿百日裤，一边穿，一边念叨“脚

跐着碌碡头顶着天，孩子活到一百三”“穿上裤子走一走，孩子活到一百九”。这些吉祥的祝语都是希望婴儿能够长大成人，长命百岁。此外，当地百姓还信奉经过凿子加工过的碌碡，是有灵性的石头，应有所禁忌。例如，结婚迎亲那天，如途中碰见碌碡，要在其上贴一张“青龙大吉”的红纸。至今，当地人还忌讳把碌碡放在屋内。

打场（选自《沂蒙民俗风情概览》，第198页）

作为传统农具的碌碡，在新中国成立之后有所革新与发展，甚至从人畜力发展到机引农具。直至20世纪末，山东农村仍有使用。

2. 连　枷

秋日田园杂兴

〔宋〕范成大

新筑场泥镜面平，家家打稻趁霜晴。
笑歌声里轻雷动，一夜连枷响到明。

（本诗引自顾志兴主编：《范成大诗歌赏析集》，巴蜀书社，1991年，第183页）

连枷，是山东传统的手工脱粒农具，胶东地区称连杖。连枷由柄和敲杆绞连而成，通常将三四根长木条用皮革条或麻绳编成敲杆，木柄的顶端装短轴，将敲杆缠缚在短轴上。使用时，操持者持木柄上下起落使敲杆绕短轴旋转，一绕一拍，凭惯性扑打在晒干的粮食穗上，将籽粒打下来。使用连枷脱粒时，往往多人合作，分两排相向进行，连枷起落交错有致，节奏分明，击拍之声整齐悦耳。

连枷为何称连枷？东汉刘熙《释名·释用器》曰：“枷，加也。加杖于柄头，以挝穗而出其谷也。或曰罗枷，罗三杖而用之也；或曰丫丫，杖转于头，故以名之也。”（〔东汉〕刘熙：《释名》，中华书局，1985年，第104页）从连枷的构成来看，连枷就是在木柄的顶端“连”“加”了一个“杖”。

连枷脱粒（选自论文《遍野连枷声气扬 天工开物几星霜》）

从脱粒农具的演变来看，最早可能就是用木棍、木杖等敲打脱粒。但由于木棍、木杖较细，拍打面积小，脱粒效率低。因此，人们发明了在木柄顶端缚以宽木条等，以扩大拍打农作物的受力面积，提高效率，后来即发展为连枷。

连枷产生的年代较早。明朝《物原》载“神农做枷”，虽不足为据，也可见其产生之久。西汉时期的《方言》列举了连枷的许多称谓，“佥：宋、魏之间谓之摄殳，或谓之度；自关而西谓之棓，或谓之柫；齐、楚、江、淮谓之柍，或谓之桲。”郭璞注：佥，今连架，所以打谷者（〔西汉〕扬雄记，〔东晋〕郭璞注：《方言》，中华书局，1985年，第49页）。魏晋之后，连枷的使用已经很普遍，当时的很多壁画已多有体现。宋代文献中也多见连枷的记载。楼璹《耕图二十一首》之《持穗》云：“霜时天气佳，风劲木叶脱。持穗及此时，连枷声乱发。”（〔元〕王祯撰，缪启愉、缪桂龙译注：《农书译注》，齐鲁书社，2009年，第516页）

元代《农书》对连枷的形制及使用方法进行了介绍，连枷，“击禾器。……其制：用木条四茎，以生革编之，长可三尺，阔可四寸。又有以独梃为之者。皆于长木柄头造为擐轴，举而转之，以扑禾也。……今呼为连枷，南方农家皆用之。北方获禾少者，亦易取办也”（〔元〕王祯撰，缪启愉、缪桂龙译注：《农书译注》，齐鲁书社，2009年，第516页）。明代《天工开物》载：“凡豆菽刈获，少者用枷，……凡打豆枷，竹木竿为柄，其端锥圆眼，拴木一条，长三尺许，铺豆于场，执柄击之。”（〔明〕宋应星著，钟广言注释：《天工开物》，广东人民出版社，

南北朝壁画中粮食加工图，打连枷，甘肃嘉峪关魏晋墓出土（选自《中国饮食文化史》，第116页）

1976年，第140页）清代《陔余丛考》载：“农家登麦，必用连枷击之。”（〔清〕赵翼著，栾保群、吕宗力校点：《陔余丛考》，河北人民出版社，1990年，第583页）

在山东农村，连枷主要用于小麦及大豆的脱粒。作为脱粒农具的连枷，其使用不受场地限制，简单易用，成本低，特别是在脱粒的作业量不大时更有其独特的优势，因此在山东农村至今仍有使用。

宋楼璹《耕织图》中的《持穗》（选自《中国农具通史》，第833页）

连枷（选自《荣成民俗》，彩插）

（六）清选农具——木锨、簸箕、扇车

1. 木　锨

木　锨

〔元〕王祯

柄头掌木尽宽平，谷实抄来忌满盈。
苗夏耰锄方用事，几回高阁待秋成。

（本诗引自〔元〕王祯撰，缪启愉、缪桂龙译注：《农书译注》，齐鲁书社，2009年，第461页）

粮食在完成脱粒后，还需要将其中的杂质去除，其方法大概有三种：木锨抛扬、簸箕簸扬和扇车扇扬。木锨是传统的手工扬场农具。粮食在打过场后，用杈将秸秆移除，剩下的粮食混有糠秕、尘土、碎叶等杂质需要清除。扬场时，操作者双手持锨，将粮食铲入木锨，向空中抛扬，粮食颗粒等重物先落下，糠秕、尘土和杂物等轻物随风飘走，从而完成杂质与粮食的分离。

打场晒粮（选自《山东居家饮食民俗》，第 27 页）

木锨是先秦时期一种重要的农具。有学者认为木锨在新石器时代就已出现，是由木耜发展而来。由于耜刃较窄，宜于发土，但不宜于铲土，宽刃的木锨也就应运而生。在春秋战国时期的遗址中曾发现过木锨。修建于北宋年间的敦煌莫高窟 454 窟中的壁画也有使用木锨的场景：一幅图显示一农夫手扶耧车，一手扬鞭赶牛播种，另一人双手举木锨，似在撒粪；另一幅图显示四面围墙的场院中有一堆刚脱粒的粮食，一人举木锨扬场，另一人似在扫粮。

南宋楼璹《耕织图》中的《持穗》图（见本书第 86 页）显示场院里放有木锨，

宋代 · 木锨撒粪图（选自《中国农具通史》，第 529 页）

宋代 · 木锨扬场图（选自《中国农具通史》，第 529 页）

《箕扬》图（见本书第 90 页）中有一农夫正用木锨扬场。

元代《农书》有更为详细的记载，锨，“臿属。但其首方阔，柄无短拐，此与锹臿异也”（〔元〕王祯撰，缪启愉、缪桂龙译注：《农书译注》，齐鲁书社，2009 年，第460页）。木锨的结构特点是“剡木为首”，平日束之高阁，秋后能发挥它的作用——扬场。但木锨的其他用途不多，直到近代仍是场院扬场的主要农具。

木锨由锨头和木柄组成，整体木质，较轻，便于使用者长时间扬场，在铲入粮食时也不会轻易带起场院地面的泥土。前端锨头是长方形薄木板，表面略内凹呈弧面，便于将粮食撮入其中，而且两边高中间低，粮食不易撒到外面；长方形锨头也使得在扬场时，很容易将粮食均匀地分散开来，将杂质最大限度地清除。锨头钉在木柄上，木柄表面抛光，再经过长期使用而光滑顺溜，方便抓握，也不容易刮伤使用者。木锨扬场分为“扬有风”和“扬无风”两种。“扬有风”是起风时扬场，迎着风向将粮食向空中抛撒，利用高抛的力量将粮食散开，由于粮食和糠秕等杂物的重量不等，较重的粮食颗粒落在扬场人身边，较轻的糠秕等杂物随风飘到较远的地方，以此完成粮食清选；“扬无风”是指在没有风的情况下扬场，这就需要技巧，扬出去的粮食要成“月牙”形状，才能使粮食与杂物分离。

山东乡情展馆·木锨（郭晓宁、史天思　摄）

新中国成立前，山东地区的木锨形制不一，农田作业多用于敛粪、卸车以及场院粮食的聚敛、扬场。在胶东地区，人们认为扬场是技术农活，好的扬场手在当地都是有声望的。扬场的人斜迎着风，手持木锨，铲起适量的带杂物的粮食，估量着风大风小，或高或低、或直或斜地扬起。扬过七八锨后，“掠场的”拿着扫帚，于粮食颗粒上轻轻掠过，把那些分量略重、不易和粮食颗粒分开的草棍儿等杂物扫除。一个人扬，一个人掠，互相配合，共同完成粮食清选。

木锨是古人简约设计思想的体现，是先民实践与智慧的结晶。随着现代农业机械的发展，山东各地农村已很少使用。

2. 簸　箕

耕图二十一首·簸扬

〔宋〕楼璹

临风细扬簸，糠粃零风前。
倾泻雨声碎，把玩玉粒圆。
短裙箕帚妇，收拾亦已专。
岂徒较斗升，未敢忘凶年。

（本诗引自王潮生：《中国古代耕织图》，中国农业出版社，1995 年，第 189 页）

簸箕为山东传统的净粮农具，整体为梯形，三面有边，一面敞口。使用时，将粮食放入簸箕内，两手握住簸箕两边，上下簸动，扬去粮食中的糠秕、草屑、尘土等杂物。

簸箕历史久远，先秦时代已经有比较成熟的簸箕。据考证，甲骨文中就有"箕"字，从字形看与后世箕的形制类似。先秦时的典籍中也有所记载，如《战国策·齐策六》载："大冠若箕，修剑拄颐"（〔西汉〕刘向编集，贺伟、侯仰军点校：《战国策》，齐鲁书社，2005 年，第 142 页），《诗经》中载，"或春或揄，或簸或蹂"（葛培岭注译评：《诗经》，中州古籍出版社，2005 年，第 238 页）。秦汉时期，簸箕的应用更加广泛。汉代李尤《箕铭》曰："箕主簸扬，糠粃乃陈。"在考古发掘中，也出土了很多持簸箕陶俑。

北齐红陶持箕女俑［选自论文《河南博物院藏早期粮食加工器具研究（下）》］

北魏贾思勰在《齐民要术·种槐柳楸梓梧

宋楼璹《耕织图》中的《箕扬》（选自《中国农具通史》，第 834 页）

作》中载有种植“箕柳”之法：“山涧河旁及下田不得五谷之处，水尽干时，熟耕数遍。至春冻释，于山陂河坎之旁，刈取箕柳，三寸绝之，漫散即劳。劳讫，引水停之。至秋，任为簸箕。”（〔北魏〕贾思勰撰，李立雄、蔡梦琪点校：《齐民要术》，团结出版社，1996 年，第 182 页）所谓箕柳，就是专门用于编制簸箕的柳，由此可见当时簸箕的使用已相当广泛。南宋楼璹《耕织图》中的《箕扬》，图中有一农夫正用小簸箕扬场。

元代《农书》对于簸箕的记载更为详细，箕，“簸箕也。《说文》云：箕，扬米去糠也。《庄子》曰：箕之簸物，虽去粗留精，然要其终，皆有所除，是也。然北人用柳，南人用竹，其制不同，用则一也。《诗》云：哆兮侈兮，成是南箕。箕四星，二星为踵，二星为舌，哆、侈，谓踵已大而舌又广也。又：维有南箕，载翕其舌。故箕皆有舌，易播物也。谚云：箕星好风。谓主簸扬。农家所以资其用也”（〔元〕王祯撰，缪启愉、缪桂龙译注：《农书译注》，齐鲁书社，2009 年，第 549 页）。从中可见，其时无论南北，簸箕已为平民百姓所用，并特别强调了簸箕舌的功用。

山东的簸箕多为柳条密排编成，色泽以白色、黄色、褐色等柳条本色为主，并且颜色随着使用能逐渐由白转黄，充分体现出柳条固有的朴素美。簸箕的前端开敞，用薄木板做成平齐的簸箕舌，可与地面贴合，撮粮入箕时能够减小阻力，也便于用笤帚将粉状粮食或生活垃圾扫入簸箕内；簸箕前端开敞平齐的形制，也能满足扬撒粮食分离糠秕的需要。簸箕的后端渐深，两侧及后端向上弯曲成围沿，在造型上圆润饱满，不仅有利于容物，也能防止粮食外溢，并在簸扬时有较大的空间使粮食与杂质进行充分颠簸并分离；簸箕后部帮体向内凹，与人体腹部曲线贴合，使用时簸箕与身体一起动作可省力；簸箕两侧沿加粗，用柳皮缠绕光滑平整，具有简洁的对称之美，也便于箕扬时用手抓握；簸箕底部柳条横向布列，形成横向凹凸纹理，使表面呈现出秩序美和韵律美，也便于粮食在簸箕内回旋往复，使所有粮食均可轮流被颠至前部进行簸扬，并有效防止粮食被簸出箕外。

在山东临沂地区，簸箕各部位的名称被拟人化：羊角簸箕前端的薄木板称为“簸箕舌头”；簸箕前端与木板相接处的柳条被划开两道小口，称为“簸箕嘴”；簸箕底部边沿处的柳皮缠编要留两道不缠，形成对称的花纹，称“簸箕眼”；簸箕后端两侧拐角处被柳皮缠制的边沿称“簸箕膀”；簸箕沿在口部伸出的部分称“簸箕腿”，往回翻折的部分称“簸箕角”。

在山东平邑，各家各户要在农历二月二“打簸箕”。一般在早晨，炒完料豆后，先不吃，由当家人用簸箕盛做饭剩的草木灰，到院子里围一圈或几圈，这灰圈名叫“围囤”。围囤时，一手端簸箕，一手拿一根木棍，边走边用木棍敲打簸箕溜灰，称“打簸箕”。

簸箕外形简洁，制作材料廉价且有很强的实用性，因此在山东农村是至今仍在使用的小农具，也是许多家庭的清洁工具。

3. 扇　车

和孙端叟寺丞农具·扬扇

〔宋〕梅尧臣

田扇非团扇，每来场圃见。
因风吹糠籺，编竹破筠箭。
任从高下手，不为暄寒变。
去粗而得精，持之莫肯倦。

（本诗转引自王永厚：《王安石与梅尧臣唱和农具诗》，《农业考古》1984 年第 1 期）

扇车，又称扬谷器、风扇车、风车等，专门用于粮食在脱粒去壳之后，扬弃壳、糠秕和杂质等，是利用人工产生风力来簸扬净粮的一种农具。扇车由车架、外壳、风轮（由轴和 6 片扇叶组成）、曲柄手摇把、填入斗、调节门、出风口及溜粮槽等构成。使用扇车净粮时，以手摇动曲柄，转动风轮，开启调节门，使填入斗内

菏泽乡村记忆博物馆·扇车（曲洪祎　摄）

的粮食落入风道，经风力吹扬，壳、秕粒、糠皮等杂质随风扬出，籽粒落入溜粮槽流入另置的容器中。

扇车在西汉就已经出现。西汉史游《急就篇》载："碓硙扇隤舂簸扬。"（〔西汉〕史游著，曾仲珊校点：《急就篇》，岳麓书社，1989 年，第 18 页）这里的"扇"即扇车。在考古发掘中，曾出土多件汉代的陶制扇车模型，而且往往与脱粒农具碓连在一起，可见当时扇车已经应用于脱粒后分离籽粒和杂质了。

宋元时期，扇车是一种重要的粮食清选机械。北宋王安石有诗《和圣俞农具诗·扬扇》云："精良止如留，疏恶去如摈。如摈非尔憎，如留岂吾吝。无心以择物，谁喜并谁愠。翁乎勤簸扬，可使糠秕尽。"元代《农书》对扇车的构造、原理和使用方法做了详尽的记载：扇车，"扬谷器。其制：中置簨轴，列穿四扇或六扇，用薄板，或糊竹为之。复有立扇、卧扇之别。各带掉轴，或手转，足摄，扇即随转。凡舂碾之际，以糠米贮之高槛，槛底通作匾缝，下泻，均细如筛，即将机轴掉转扇之。糠粞即去，乃得净米。又有舁之场圃间用之者，谓之扇车。凡蹂打麦禾等稼，穰糺相杂，亦须用此风扇。比之杴掷、箕簸，其功多倍。"（〔元〕王祯撰，缪启愉、缪桂龙译注：《农书译注》，齐鲁书社，2009 年，第 570 页）从中可以看出，当时的扇车以手或脚为原动力，分立式和卧式两种，且与其他净粮农具同用。

明代《顾氏画谱》收录有杜堇的一幅扇车画稿，清楚地显示了当时扇车的构造，并且在扇车的下方对应扇车底部前后两个出粮口位置放有两个筐箩，说明当时扇车已经实现了三级清选，即沉实的籽粒、较好的籽粒与糠秕的分离。此外，徐光启《农政全书》、宋应星《天工开物》都对扇车进行了详细记载，并附有插图。

扇车是一种大型高效的农业机械，适用于大量粮食的清选，在中国古代为地主、富户所有，直到近代才真正普及。扇车采用连续的人造风净粮，使人们摆脱了对自然风的依赖，对农具向机械化发展具有重要意义；同时使人们可以根据生产需要随时对粮食进行清选，丰富了粮食清选加工的方式，提高了劳动生产效率，对我国的农业发展起到了重要的促进作用。

《顾氏画谱》中的风扇车（选自论文《山西太原居贤观明代壁画中的风扇车》）

（七）粮食加工工具——杵臼、碾、磨

1. 杵　臼

舂　碓

〔清〕康熙

秋林茅屋晚风吹，杵臼相依近短篱。
比舍舂声如和答，家家篝火夜深时。

（本诗引自〔清〕焦秉贞绘，杨钟贤释文：《康熙御制耕织图》，天津人民美术出版社，2006 年，第 24 页）

杵臼（选自《荣成民俗》，彩插）

杵与臼是古老的粮食加工工具。东汉许慎《说文解字》载："臼，舂臼也，古者掘地为臼，其后穿木石。"（〔东汉〕许慎撰，〔清〕段玉裁注：《说文解字注》，中州古籍出版社，2006年，第324页）杵为圆柱形，两端粗，长期使用，杵的两端往往有明显的冲击痕；臼的中央呈凹窝状，用来盛放被加工的粮食。使用杵臼时，使用者用手握住杵，上下往复捣臼中粮食，利用杵的动能使得杵、粮食及臼相互摩擦，以使粮食脱壳或粉碎，从而得到籽粒或面粉。杵臼在被发明之后，其原理、形制、结构、操作方式等基本定型。在之后的发展中，其社会拥有量不断增加，使用范围不断扩展。

杵臼产生于何时？周代的《周易》载："神农氏没，黄帝、尧、舜氏作……断木为杵，掘地为臼，杵臼之利，万民以济，盖取诸小过。"（宋祚胤注释：《周易》，岳麓书社，2002年，第350页）这些记载尚不足为据。从各地的考古发现来看，杵臼发明的年代要早于这些记载。现在已知的出土文物已经证明，杵臼发明于新石器早期，已有上万年的历史。到了商代，甲骨文中已经出现了"杵""臼""舂"等字，可见当时杵臼的使用已很成熟。杵臼是在原始农业产生并获得一定程度的发展之后诞生的工具，是粮食加工工具及方法的革新，提高了粮食加工的效率，满足了农业生产的发展和人们生活的需求。

春秋战国时期，杵臼继续发展。臼除了有石制、玉制、陶制、木制外，可能还出现了铜制和铁制的。历史上，使用较多的为石臼。经过夏商周三朝及秦汉魏晋的长期演变，石杵臼的制作和使用得到了充分的发展，就其器物的制造而言，在南北朝时期达到了一个明显的高度。但是，随着磨、碾的广泛使用，石杵臼在隋唐之后在粮食加工领域的地位开始逐渐下降。宋元之后，民间较多用小石臼捣蒜、花椒、大料、核桃、药材等。明朝以来，随着民间对炊事和中药材加工的重视，杵臼的制作也逐渐走向精良。

新石器时代的石杵臼［选自论文《河南博物院藏早期粮食加工器具研究（上）》］

杵臼作为一种产生历史久远、操作原理及形制都较为简单的粮食加工工具，提高了粮食加工的能力和水平。用于炊事和制药材的杵臼，其形制要比用于粮食加工的小很多；用于粮食加工的杵都需双手握持，而用于炊事和制药材的杵臼通常只需单手操作。作为一种药材加工工具，杵臼捣药减轻了医生的劳动强度，并能使药材的药性更好地发挥出来，为中医的发展提供了工具条件。

现今，在山东各地特别是鲁中、鲁西南一带，杵臼仍然常见。在济宁微山岛，几乎家家门前或大门里都有石臼。当然，杵臼用于粮食加工越来越少，更多地用在药店里用来捣中药，在百姓家里用来捣蒜、花椒等，杵臼并没有从人们的日常生活中完全消失。

2. 碾

辊 碾

〔元〕王祯

制辗应嫌杵臼迟，岂知辗制有遗机。
顿教粒食从今易，别转礧车疾似飞。

（本诗引自〔元〕王祯撰，缪启愉、缪桂龙译注：《农书译注》，齐鲁书社，2009 年，第 569 页）

碾是山东地区进行脱粒、碾粒成粉的粮食加工工具。在山东民间传说中，碾是由鲁班发明的。东汉已有关于碾的文献记载，服虔在《通俗文》中记："石磙轹谷曰辗"。（〔元〕王祯撰，缪启愉、缪桂龙译注：《农书译注》，齐鲁书社，2009 年，第 566 页）北齐魏收在《魏书 · 崔亮传》中记载："亮

隋代陶碾［选自论文《河南博物院藏早期粮食加工器具研究（下）》］

在雍州，读《杜预传》，见为八磨，嘉其有济时用，遂教民为碾。及为仆射，奏于张方桥东堰谷水造水碾磨数十区，其利十倍，国用便之。”（〔北齐〕魏收撰，仲伟民等标点：《魏书（卷六六～卷一一四）》，吉林人民出版社，1995 年，第 907 页）可见，当时人们不仅会造碾，而且掌握了利用自然流水作为动力的技术。在考古发现中，汉碾的实物尚未发现，而在魏晋南北朝时期的遗址中已见碾的模型。

元代《农书》中记载了砣碾、辊碾和水碾三幅图谱。对于砣碾，《农书》载：“今以砺石甃为圆槽，周或数丈，高逾二尺；中央作台，植以簨轴；上穿干木，贯以石砣。”（〔元〕王祯撰，缪启愉、缪桂龙译注：《农书译注》，齐鲁书社，2009 年，第 566 页）砣碾的碾辊像车轮，碾辊在碾槽中滚动碾轧粮食，从而完成脱粒或碾粒成粉。

对于辊碾，《农书》载：“比常辗减去圆槽，就砣干括以石辊（辊径可三尺，长可五尺）；上置板槛，随辗干圆转，作窍下谷；不计多寡，旋辗旋收，易于得米。较之砣碾，疾过数倍。故比于鸷鸟之尤者，人皆便之。”（〔元〕王祯撰，缪启愉、缪桂龙译注：《农书译注》，齐鲁书社，2009 年，第 568 ～ 569 页）图中辊碾的碾辊近似圆柱形。今天，在山东各地农村所能见到的碾，多是这种碾。辊碾由碾磙、碾盘、磙架和碾杆组成。碾磙由整块青石制成，形状为圆柱体，两端圆心处凿有磙

元代・砣碾（选自《中国农具通史》，第 681 页）

元代・辊碾（选自《中国农具通史》，第 681 页）

清代·水碾（选自《中国农具通史》，第 681 页）

脐；碾盘为一大块青石制成，中心立铁轴，下有砖石座墩；磙架木制，碾磙置其中，一侧套于铁轴上；碾杆插于磙架前端，推动碾杆可使碾磙转动。用碾时，将粮食直接平摊在碾盘上，用人力推或牲畜牵引。

以上两种碾以人力或畜力为动力，而水碾以水为动力。水碾由碾槽、碾盘、轮轴、轮组成，能够将水能转化为机械能。早在南北朝时期，就已经有了水碾，但由于受地理环境和水资源条件的影响和限制，水碾并没有被广泛使用。水碾在生产过程中的经济收益较高，《农书》载：“比于陆碾，功利过倍。”（〔元〕王祯撰，缪启愉、缪桂龙译注：《农书译注》，齐鲁书社，2009 年，第 674 页）正因为水碾的经济效益高，在历史上也曾出现过对水碾的过度开发，从而影响了农业水利灌溉及人民生活。唐时，《唐六典》从法律上规定了对水碾的开发使用，“凡水有溉灌者，碾硙不得与争其利（自季夏及于仲春，皆闭斗门，有余乃得听用之）”。（〔唐〕李林甫等撰，陈仲夫点校：《唐六典》，中华书局，1992 年，第 226 页）

还有一种碾叫槽碾。槽碾有一长条形石槽，槽内置碾轮，碾轮像车轮，轮中有孔，孔中安木制长轴，长轴的另一端穿过石板，石板孔洞的直径要大于长轴的直径，轴才能在孔洞中转动。使用时，将粮食放于石槽内，人用手直接推动长轴或碾轮，

临沂苍山槽碾子（选自《山东省志·民俗志》，彩插）

碾轮在槽内往复碾压，就好像中药店里的药碾子。这种槽碾在山东临沂、枣庄等一些地区常被使用，但产生于何时已不可考。

宋元以后，北方地区辊碾增多，砣碾渐少。究其原因，可能是因为砣碾体积较大，所需场地也大，另外结构复杂，制造成本高。不过，砣碾并没有被完全取代，因为在某些方面还有优势，例如砣碾对大豆、酒曲、醋曲、豆饼、麻参等大颗粒、块状的粮食及其附属类作物的加工能力较强，而辊碾很难将其粉碎。除此之外，在加工油菜籽、胡麻、蓖麻、葵花籽、花生、棉花籽等油料方面，辊碾会出现黏碾盘而不易清理等问题，而砣碾能顺利进行，一般不易黏碾，即使黏碾，也容易清理。所以宋代以后，不少地方一直是砣碾与辊碾并行使用。

在农村，石碾与其他粮食加工农具一般都有分工。石碾以粮食脱粒为主，以碎粒成粉为辅；石磨主要是加工面粉。除此之外，碾也可以用来粉碎粮食，如将小米、黍米粉碎成糕面，将地瓜干粉碎成面等，在烟台龙口称之为“掐”，叫掐糕面子、掐地瓜面。

新中国成立后，随着社会经济的发展及现代科技的进步，碾逐渐被现代化机械所代替，但在山东一些农村村口、大街上仍能见到其身影。

济南历城黄巢村·碾（曲洪祎　摄）

3.（石转）磨

磨　诗

〔宋〕王禹偁

但存心里正，无愁眼下迟。

若人轻着力，便是转身时。

（本诗引自〔宋〕邵博：《邵氏闻见后录》，中华书局，1983 年，第 133 页）

山东建筑大学校内景观·磨（曲洪祎　摄）

磨是山东传统的谷物加工工具，主要作用是将麦、米、豆等粮食加工成粉或浆。在山东民间传说中，磨是由鲁班发明的。元代《农书》载："凡磨，上皆用漏斗盛麦，下之眼中，则利齿旋转，破麦作麸，然后收之筛罗，乃得成面。"（〔元〕王祯撰，缪启愉、缪桂龙译注：《农书译注》，齐鲁书社，2009 年，第 571 页）磨由磨扇、磨盘、磨杆组成。上下磨扇为圆形石盘，凿有起伏的磨齿。下磨扇固定于磨盘上，中央安装磨杆，两磨扇相对而合，间隙是为磨膛。粮食由上磨扇的磨眼注入，分散在磨膛中，通过上磨扇的旋转而受磨，从而成为粉或浆，由磨口而出。磨多选用没有裂痕的优质花岗岩制成，其材质质地坚硬，具有质朴的美感。磨用的时间长了，磨齿就变得平且钝，粉碎粮食时既慢又粗，这时就需要把磨齿沟凿深些，这叫锻磨。锻磨的技术性很强，需要专门的匠人，称他们为锻磨石匠。锻磨石匠信奉老君。

磨早期称硙，汉代称磨，其产生的具体年代不可考。先秦时期的《世本》记载："公输作石硙"。（〔东汉〕宋衷注，〔清〕茆泮林辑：《世本》，中华书局，

汉代陶磨坊［选自论文《河南博物院藏早期粮食加工器具研究（下）》］

1985年，第102页）磨的发明可能与粮食加工的技术需求密切相关。春秋战国时期，小麦已是主要的粮食品种，《吕氏春秋》载，“得时之麦，稠长而颈黑——二七以为行，而服，薄糕而赤色”（〔战国〕吕不韦门客编撰，关贤柱、廖进碧、钟雪丽译注：《吕氏春秋全译》，贵州人民出版社，1997年，第989页）。小麦颗粒坚硬，不太适于粒食，要将小麦加工成面粉，就需要相应的加工工具，而杵臼等加工工具的效率低，不适合大量加工的需要。春秋战国时期，大豆的普及也较快。《管子》载：“菽粟不足，末生不禁，民必有饥饿之色。”（〔唐〕房玄龄注，〔明〕刘绩补注，刘晓艺校点：《管子》，上海古籍出版社，2015年，第92页）《墨子》载：“贤者之治邑也，蚤出莫入，耕稼树艺、聚菽粟，是以菽粟多而民足乎食。”（〔春秋战国〕墨子著，徐翠兰、王涛译注：《墨子》，山西古籍出版社，2003年，第38页）菽即大豆。大豆便于脱粒，但加工起来比较困难。可以说，小麦和大豆作为春秋战国及秦汉时期的主要粮食作物，促进了磨的发明和发展。磨的诞生适应了社会发展的需求，而当时的技术基础也为磨的出现创造了条件。制造一台磨需要多道工序和成熟的雕琢技术及工具，而历经石器时代人们已经积累了大量的、成熟的石料加工技术，到春秋战国时期铁制工具也已出现，这些都为磨的发明创造了物质基础。

从考古发现的角度来讲，现在已确认的最早的磨是陕西临潼出土的战国时期的磨。到了秦汉时期，磨已相当成熟。在考古中出土了大量秦汉时期使用的磨，如在汉代满城中山靖王刘胜墓内，就出土了一台完整的石转磨。除此之外，还出土了很多秦汉时期用于陪葬的石磨模型。这些考古发现充分说明了磨在秦汉时期的普及程度之高。

磨发明后，其形态、结构及运作原理基本定型，但在磨齿排列、形状和动力应用方面不断得到改进。先秦至秦汉时期，磨齿为凹坑，坑的形状为圆形、菱形、长方形、枣核形、三角形等，形状多样、不规则。这种磨齿会让一些粮食颗粒留在凹坑内，不易被粉碎，出现出粉率低的状况，而且容易使磨眼处堵塞。东汉至三国时期，磨齿发展出了辐射线形、分区斜线形。隋唐之际，磨的发展进入了成熟期，形成了八区斜线形磨齿。这种磨齿使得各区齿槽排列整齐，平行等分，疏密得当，匀称协调，是粮食加工的一大进步。在动力方面，磨开始以人力或畜力为主；到了晋代，出现了以水作动力的水磨，到唐代水磨已经盛行。

晋代陶磨（磨齿呈斜线六分区型）［选自《河南博物院藏早期粮食加工器具研究（上）》］

石磨的发明使粮食加工变得容易，降低了人们的劳动强度，提高了生产效率。磨的使用及推广促进了小麦的大面积种植，改变了中国人的主食结构，使中国人的饮食习惯由粒食发展为面食。这是中国饮食史上的一大进步。磨不仅能将粮食加工成面粉，也能够将农作物加工成浆类，诸如麦浆、米浆、豆浆之类，促进了食物生成的多样化，丰富了中国人的膳食结构。至今，在山东农村仍能见到磨的身影。

（八）农用运输工具——扁担、独轮车、大车

1. 扁　担

禾　担

〔元〕王祯

累累禾积大田秋，都入农夫荷担头。
才使赪肩到场圃，主家仓廪又催收。

（本诗引自〔元〕王祯撰，缪启愉、缪桂龙译注：《农书译注》，齐鲁书社，2009 年，第 515 页）

宋朝时期的挑扁担者（左下）（选自《清明上河图》）

扁担是山东传统的小型简便运输工具，其形制自古至今变化不大，特点是成本低廉、取材方便、使用便捷、造型简朴，是农村居民日常生产生活中必备的农具。

扁担产生于何时，已不可考。据说，汤人旦部为减轻山地负重发明了竹扁担。扁担的产生应与中国古代农事生产活动有关。中国传统社会是以家庭为生产单位的小农经济，扁担是适应这一传统生产方式的农具。使用扁担，可将双手解脱出来。此前人们搬运物品用手拎或肩扛，手拎物品时，如果物品的重量或体积较大，则很难保持身体平衡，且在行走时物品容易碰到身体，多有不便；肩扛物品时，一般只能将物品置于肩膀一侧，物品较大时也不易保持身体平衡，且比较费力。扁担的使用，使负重物分担于身体两侧，并保持舒适距离，便于行走，能够提高运输效率，还能增加人力运输的载重能力。扁担不仅能负载重物，降低人们的劳动强度，更由于其简单便携，能够在其他运输工具不能进入的狭小场地使用，从而成为人们日常生产生活中的重要工具。

元代《农书》中有这样的记载：禾担“负禾具也，其长五尺五寸。剡扁木为之者，谓之软檐；斫圆木为之者，谓之楤檐。（《集韵》云，楤音聪，‘尖头檐也’。）扁者宜负器与物，圆者宜负薪与禾。《释名》曰：檐，任也，力所胜任也。凡山路崎崄，或水陆相半，舟车莫及之处，如有所负，非檐不可。又田家收获之后，塍埂之上，禾积星散，必欲登之场圃，荷此尤便。”（〔元〕王祯撰，缪启愉、缪桂龙译注：《农书译注》，齐鲁书社，2009年，第515页）从记载中我们可以看出，扁担的形制是多样的，担体横截面为圆形或扁形。圆形的扁担两头尖，插入成捆的稻草、禾苗或干柴中，挑起来就能走，简洁方便实用，甚至能做防身武器。枣庄地区有一种“大尖扁担”，长近三米，两端装有铁尖，插庄稼、柴草、山草等，挑的多，又方便。扁形的扁担，担体略弯曲，用来挑水及担负其他物品。这种扁担又称“钩担扁担”“担杖”，一米半长，两端镶铁鼻，铁鼻上装铁环，下端有钩，钩上挂桶，用来挑水，也可以挂筐，用于短途挑庄稼、土石等。在过去，扁担也是做小买卖人的必备工具，剃头的、卖药的、小炉匠、货郎等，挑起扁担走四方。挑担做买卖，本少利大，能养人，俗话说“一根扁担两条绳，走遍天涯不挨饿”。

扁担的形制为中间宽、两端窄，这种形制能够更好地担负重物。扁担挑东西时，会产生内应力，离两端越远，扁担的内应力就越大。扁担的两端做得细且薄一点，当挑物品时，扁担的两端就弯了下来，重量集中于中间，内应力就变小；扁担的中间宽且厚，能够使挑担者肩膀的承重面积增大，从而能减缓物品重量对于肩膀的压力。从侧面看，扁担两端翘起，呈弧形，这种形制减小了扁担的硬度，增加了柔韧度；同时采用弹性较好的木料制作，增强了扁担的弹性。当使用者挑着扁担行走时，良好的弹性能够让扁担随着人的脚步产生上下有节奏的颤悠，从而减小物品重量对肩膀的压力，甚至会瞬间没有压力，起到很好的省力作用。

山东的扁担多用木材制成，通常选用的木材有韧性，不易折断。桑树韧性强，做出的扁担不易断且耐用，而其他木料如杨树、楝树等的韧性差，易折断，不适于制作扁担。其他较为常见的制作木料有柞木、枣木、梨木、檀木、柳木和榆木等。在挑选好木材后，截取合适的长度，去皮剖开，然后置于火上烤干水分，即可制作扁担了。扁担制成后，还要将表面打磨光滑才能使用。扁担在使用过程中，如不慎压出裂缝或裂口，就要打扁担箍，以前多用藤条制作扁担箍。

济南章丘西王黑村·扁担（曲洪祎　摄）

扁担在人们的日常生产生活中发挥着重要的运输作用。即使机械化相当普及的今天，扁担仍有自身的优势，所以在山东各地的农村还能经常见到其身影。

2. 独轮车

送杜侍御纯陕西转运

〔宋〕陈师道

馈粮千里古无策，木牛流马功不极。
边头数米换黄金，将军汗马未伏枥。

（本诗引自〔宋〕陈师道撰，任渊注：《后山诗注》，中华书局，1985年，第22页）

独轮车俗称“手推车”“小车”“鸡公车”“羊角车”等，古代也称“辘车”“鹿车”。独轮车按结构可分为平板式和起梁式。平板式的承载能力较小，可一人操作，明代杜堇所画《饮中八仙歌》中的独轮车就属于这一类。起梁式的承载能力较大，常二人操作，这类车可运粮、运肥、运柴草，也可乘人，运肥时需要配用条编长筐，胶东一带称之为偏篓。独轮车是传统的运输工具，其灵活便捷，不仅适合在平地，也适合在狭窄不平的田埂小道和山路上推行，是北方旱作地区使用非常普遍的、居家必备的农业运输工具。

独轮车在我国使用较早，应该出现于西汉末东汉初。东汉许慎《说文解字》里说：“车鞣规也，一曰一轮车。”（〔东汉〕许慎撰，〔清〕段玉裁注：《说文

平板式独轮车（选自明代杜堇《饮中八仙歌》）

解字注》，中州古籍出版社，2006年，第724页）济宁嘉祥建于东汉晚期的武梁祠中有表现二十四孝董永故事的画像石，其中董永父就乘坐着独轮车。相传三国时诸葛亮所制的木牛流马，也是独轮车。但“独轮车”的称谓直到宋代才出现，沈括《梦溪笔谈》载：“柳开少好任气，大言凌物。应举时，以文章投主司于帘前，凡千轴，载以独轮车。”（〔北宋〕沈括著，李文泽、吴洪泽译：《梦溪笔谈全译》，巴蜀书社，1996年，第142页）孟元老《东京梦华录》中记载了独轮车的使用方法：“又有独轮车，前后二人把驾，两旁两人扶拐，前有驴拽，谓之‘串车’，以不用耳子转轮也。般载竹木瓦石。但无前辕，止一人或两人推之。此车往往卖糕及糕糜之类人用，不中载物也。”（〔宋〕孟元老撰，李士彪注：《东京梦华录》，山东友谊出版社，2002年，第34页）在张择端《清明上河图》中出现了独轮车的形象，从画中可以看出当时的独轮车承载能力很大，其驾法与孟元老所述相似。可见，在宋代，独轮车已经成为非常普遍的交通运输工具。

山东乡情展馆·起梁式配偏篓独轮车（曲洪祎　摄）

明代宋应星在《天工开物·舟车》中描绘并记述了南北方独轮车的驾法：“又北方独辕车，人推其后，驴曳其前，行人不耐骑坐者，则雇觅之。鞠席其上，以蔽风日。人必两傍对坐，否则欹倒。此车北上长安、济宁，径达帝京。不载人者，载

宋朝时期的独轮车（选自《清明上河图》）

货重四五石而止。……其南方独轮推车，则一人之力是视，容载两石，遇坎即止，最远者止达百里而已。”（〔明〕宋应星著，钟广言注释：《天工开物》，广东人民出版社，1976 年，第 259 ～ 260 页）从中我们得知，当时北方的独轮车前有驴拉，后有人推，与宋代的驾法类似。在北方，不习惯长时间骑乘的人常雇佣独轮车，车上还可以架设半圆形的席篷以遮风挡雨或供人休息；车上载货坐人时，要分列于两侧才可保持平衡，否则会倾倒。北方独轮车的载重两三百千克，适合长途运输，距离可达数千里；南方的独轮车没有用畜力，仅一人推行，载重可达 100 千克，最远运输距离能达百里。

山东的独轮车通体用常见的木材制成。在使用独轮车时，重心在轮轴处，因此车轮是关键的组成部分，而车轴是关键部位的关键。旧时车轴往往用耐磨的枣木或槐木制作，现代代之以铁制车轴。木轴独轮车，推起来会发出“吱吱呀呀”的声音，在淄博沂源又称这种独轮车为“响耳子”；铁轴的车子，推起来不发出声音，当地称“油耳子”。车轮安装于车架中间，旧时用木材制成，现在代之以专用橡胶轮胎。到 20 世纪 80 年代左右，山东农村出现了铁制平板式橡胶轮胎独轮车，相对于木制独轮车更加坚固。独轮车车架前端窄，后端宽。车把向后延伸，用以手扶。车把上拴绳或带，胶东一带称之为车绊，使用时挂于两肩上，以承担负荷。推动独轮车时，双手扶把，掌握好车子的平衡避免倾倒，同时只要用较小的向前推力就能使独轮车前行。车架后端做两条支腿，与车轮构成三个支撑点，停放时可保持平衡。

济南章丘三德范·独轮车及车绊（曲洪祎　摄）

农忙时独轮车用作农业运输，农闲时则用来赶集逛街、走亲串友。过去常有丈夫推着媳妇走亲戚的，有不少这方面的歌谣，“花嫡嫡，倒坐车，小两口说话脸对脸；你挤眼，我点头，光嫌路近没时候”，“小推车，不使襻，推着老婆子光出汗”。也有推独轮车做生意的，有本钱的贩运货物，无本钱的就在官道上运送旅客（叫“推脚儿”），独轮车上常写有一副对联，“一轮行万里，两把架千斤”。

独轮车轻便灵活省力，能够适应各种路面地形，因而得以广泛使用。直到现在，山东农村的一些地方仍然在使用。

旧时独轮车（选自《沂蒙民俗风情概览》，第60页）

3. 大　车

车　赋

〔南北朝梁〕甄玄成

铸金磨玉之丽，凝土剡木之奇；

体众术而特妙，未若作车而载驰。

（本诗引自〔唐〕徐坚等辑，韩放点校：《初学记（下）》，京华出版社，2000年，第357页）

在山东农村，较之于独轮车，承载能力更强的是四轮或双轮大车。大车产生的历史久远，战国时期的《考工记·车人》载：“大车崇三柯，绠寸。”（闻人军：《考工记导读》，巴蜀书社，1988年，第264页）大车即平地载重之车。大车最初使用畜力，驾牛或驾马，多用马车载人、牛车载物。大车的载物空间较之独轮车更大且规整，载物更多更重，因此而得名。但是大车对路况要求相对要高，不太适合在狭窄小路、崎岖山路、沟壑河流纵横的道路以及路面不平的道路上运行，因此大车更适于北方平原地区的交通运输。

山东乡情展馆·双轮大车（郭晓宁、史天思 摄）

在宋代，曾出现一种四轮大车——太平车。宋代孟元老《东京梦华录》中记载："东京般载车，大者曰'太平'，上有箱无盖，箱如构栏而平，板壁前出两木，长二三尺许，驾车人在中间，两手扶捉鞭驾之，前列骡或驴二十余，前后作两行；或牛五七头拽之。车两轮与箱齐，后有两斜木脚拖；夜中间悬一铁铃，行即有声，使远来者车相避。仍于车后系骡驴二头，遇下峻险桥路，以鞭唬之，使倒坐缍车，令缓行也。可载数十石。官中车惟用驴差小耳。其次有'平头车'，亦如'太平车'而小，两轮前出长木作辕木，梢横一木，以独牛在辕内，项负横木，人在一边，以手牵牛鼻绳驾之……。"（〔宋〕孟元老撰，李士彪注：《东京梦华录》，山东友谊出版社，2002年，第33～34页）太平车有四轮，运行平稳，可能因此而得名。从孟元老所述我们可以知道，当时的太平

宋朝时期的太平车（选自《清明上河图》）

车载物能力非常强，需要用五六头牛或者 20 头驴（或骡）才能拉得动；没有刹车制动装置，下坡时要谨慎，需要在车后系骡驴拽住，使车慢行下滑；还有一种比太平车小的平头车，只需一头牛就能拉动。张择端《清明上河图》中有太平车的形象，其形制、驾法与孟元老所述相同。这种四轮大车不用时，还可以拆分存放。明代宋应星《天工开物》载："凡大车，脱时则诸物星散收藏；驾则先上两轴，然后以次间架。凡轼、衡、轸、轭，皆从轴上受基也。"（〔明〕宋应星著，钟广言注释：《天工开物》，广东人民出版社，1976 年，第 257 页）

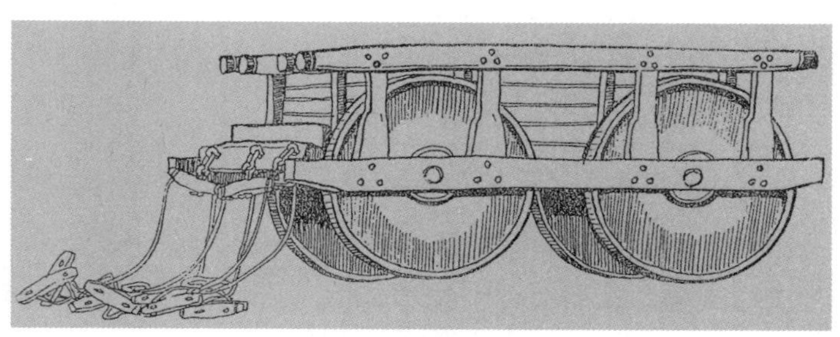

四轮大车（选自《中国农具通史》，第 689 页）

四轮大车一直到新中国成立之后还在使用，形制也更加多样。大车的载重大，造价也高，属于大型的农具，一般小户人家置办不起。在鲁西南地区，新中国成立前后就用这种四轮大车。当地的四轮大车长约 3 米，宽约 3 米，高 1.5 米左右，车厢上无篷遮挡；前后面有可以拆卸的挡板，卸下后挡板，人可以上车或装卸货物；左右两边有围栏，人也可以分坐侧横档上。整辆大车建造得相当坚固，也很笨重。

山东的一些农村也使用轻型的双轮大车，不仅可以使用畜力，也能使用人力，造价也低。以前大车的车轮都是用木材制成的，外圈再包裹铁板，菏泽东明一带称之为铁脚车。大车是农用的畜拉车，用作载人时，还可于车上临时搭席篷。大车载人时，木轮颠簸颇重，唯牛拉车行走慢且稳，颠簸稍轻，胶东一带经常用"坐牛车，走丈人家"形容舒服事。20 世纪五六十年代以后，大车的木轮铁瓦被橡胶轮胎所取代，乘坐舒适性增强，胶东一带称"橡皮脚"或"胶皮轱轮"。

大车使用畜力，采用商周时期就出现的轭引式系驾法。这种系驾法是采用轭套驾驭牲口，使牲口的肩胛两侧受力，不会勒紧牲口的颈部，能够避免牲口的气管受到压迫，可以保障牲口的正常呼吸，更能充分发挥畜力。在菏泽东明，在使用畜力时，车把式驾驭牲口的鞭子使用起来颇有讲究：当牲口不前进时，要打"抽屁股鞭"；当停不停时，打"拦头鞭"；不用力拉时，打"通脊鞭"；拐里弯时，打"勾头鞭"；拐外弯时，打"撇子鞭"；让牲口跑起来时，打"响鞭"；需要慢走时，打"撩鞭"；要后退时，

打“搂头鞭”。好的车把式靠手里的鞭子及嘴里发出的号令，使牲口顺从听话。

在山东各地，无论是四轮大车还是双轮大车，在农用机动车普及之后逐渐被淘汰。

（九）农业灌溉工具——辘轳和井

晓　井

〔唐〕李郢

桐阴覆井月斜明，百尺寒泉古甃清。
越女携瓶下金索，晓天初放辘轳声。

（本诗引自〔清〕彭定求等：《全唐诗·第六卷》，中州古籍出版社，2008 年，第 3080 页）

辘轳是山东传统的汲水农具，由支架、轴、辘轳头三部分构成，多以硬木制作。三角支架用来固定和支撑轴，具有较强的稳定性。轴为木制，前端插入辘轳头。辘轳头为一木磙，中心有轴孔；一端装一曲柄摇把，摇把延长了力臂，起到汲水时省力的作用。操作时将井绳缠绕在辘轳头上，绳端系水桶，通过手转摇把旋转辘轳带动井绳上下，水桶随绳升降，即可汲水。可一端提水，也可在井绳两端各挂一只桶，两桶一上一下、一实一空交替汲水。辘轳的操控既省力又便于在深井汲水，提高了汲水效率，克服了早期汲水工具桔槔的操作不便、

用轱辘于井中提水（选自《山东居家饮食民俗》，第 9 页）

占地面积大的缺点。辘轳的发明反映了古人对轮轴原理的早期运用以及对杠杆原理的变通性运用。

中国凿井的历史久远，各地发现了很多古井遗迹。已知较早的古井遗迹是浙江河姆渡水井，距今约六千年，水井为方形木构，井上盖有简易的井亭。在河南汤阴白营龙山文化遗址中亦发现木构方井，从技术上和规模上都超过河姆渡井，表明当时凿井技术的成熟。河北邯郸涧沟遗址中发现的水井还与沟渠相连，井内发现很多残破的汲水陶器，这种与沟渠连在一起的水井应该用于农田灌溉。夏商西周时期遗址中，各地相继发现水井及汲水器物，其中有些井位于生活区，井内有滤水设施，这些井有的是生活用井，有的可能用于灌溉。典籍中也有关于井灌的记载。周代《周易》中有《井卦》曰："改邑不改井，无丧无得，往来井井。汔至，亦未繘井，羸其瓶，凶。"（宋祚胤注译：《周易》，岳麓书社，2002 年，第 232 页）先秦时期的《世本》载化益作井。西汉《淮南子·本经训》说："伯益作井，而龙登玄云，神栖昆仑……。"（〔汉〕高诱注：《淮南子注》，上海书店，1992 年，第 117 页）各地也相继发现了春秋战国时期的一些井群。汉代水井遗址以及水井的模型也被大量发现，例如在济宁微山曾出土西汉早期水井。汉井遗址及水井模型的大量发现表明，秦汉时期的水井以及井灌已经相当普及，同时也促进了汲水工具的发展。

在山东的汉画像石中发现大量的辘轳于井中汲水的图像。潍坊诸城孙琮墓汉画像石、济宁嘉祥宋山汉画像石、济宁微山沟南村汉画像石、临沂沂南北寨村汉画像石、枣庄滕州庄里汉画像石中都有辘轳于井中汲水的图像。当时的辘轳是滑轮式辘轳。山东发现的这些汉画像石显示，这种滑轮式辘轳常见于庖厨场合的汲水，而不见于农业灌溉。这种滑轮机械早在春秋战国时代就作为军用攻城守城的工具。明代《物原》载"史佚作辘轳"，史佚是周代初期的史官，可见这种滑轮式辘轳的产生可能非常早。

潍坊诸城孙琮墓汉画像石庖厨图·辘轳图（选自论文《汉代的辘轳及其发展》）

手摇式辘轳的出现较晚。手摇式辘轳与滑轮式辘轳在形制上相似，但在物理性能上有一定差异，操作起来较为省力。北宋张择端的《清明上河图》中绘有一口圆口井，上方有一架手摇式辘轳。在山西长治故漳乡两座宋墓中均发现手摇式辘轳的图像。山西绛县裴家堡金代壁画中绘有手摇式辘轳，图中显示一人刚用过手摇式辘轳汲水，正从水井边出来。此外，山西长子县小关村金代壁画、山西屯留宋村金代壁画也发现了手摇式辘轳的图像。由此可见，至迟在北宋时期就已经出现了手摇式辘轳。

山西绛县裴家堡金代壁画·辘轳图（选自论文《汉代的辘轳及其发展》）

至元代，《农书》中对手摇式辘轳的记载已经很详细了，辘轳，“缠绠械也。《唐韵》云：圆转木也。《集韵》作榬轳，汲水木也。井上立架置轴，贯以长毂，其顶嵌以曲木；人乃用手掉转，缠绠于毂，引取汲器。或用双绠而逆顺交转，所悬之器，虚者下，盈者上，更相上下，次第不辍，见功甚速。凡汲于井上，取其俯仰则桔槔，取其圆转则辘轳，皆挈水械也。然桔槔绠短而汲浅，独辘轳深浅俱适其宜也”（〔元〕王祯撰，缪启愉、缪桂龙译注：《农书译注》，齐鲁书社，2009 年，第 650 ～ 651 页）。可见，元代手摇式辘轳已相当普遍，而且被广泛用于农业灌溉中。这种手摇式辘轳一直被沿用下来，直到今天还可以在山东各地农村见到。

山东乡情展馆·辘轳（曲洪祎　摄）

在烟台龙口，当地的辘轳一般以三根长木棍作辘轳腿，插于辘轳身子上，组成辘轳架子，再于辘轳身子上贯穿一轴（称“辘轳芯子”），辘轳芯子插入一木磙——辘轳头，辘轳头装一曲柄摇把（俗称辘轳把），将麻或钢丝制成的井绳缠绕在辘轳头上，井绳里端固定，外端铁环系铁皮或条编水斗，置水斗于井中，手摇摇把汲水，用来灌溉。操作时，放水斗下井，有的不操控摇把，只以手轻按辘轳头，任其急转，水斗入井极快；汲水时，边摇边唱号子，“欧嘿哟——嘿——嘿——又——一个斗来嗨——！”水斗出井口，也不弯腰用手提拉，趁水斗摇摆之时，顺势用脚一拨，使其翻转倾水于水池子中，再一拨，水斗又随即再次坠入井底。这种连续性操作大大提高了汲水效率，非熟练者不能为之。辘轳在当地非常普遍，有民谣道：“大旱三年也不怕，黄县三万三千辘轳把！”

（十）计量农具——杆秤

杆秤是山东传统的利用杠杆平衡原理来称重量的衡器，由秤砣、提纽、秤盘和秤钩等组成。秤杆上刻秤星，作为刻度，多以金属嵌入秤杆成小圆点状，是计量的标志。秤的提纽是支点。秤砣多为铁制，下大上小，上端还做鼻纽，用于穿绳悬于秤杆上。通过在秤杆上移动秤砣，读出数值，便可知物品的重量。杆秤按使用范围和称量的大小，分为戥子、盘秤和钩秤三种。

始皇诏铜权（选自《中国古代度量衡图集》，第 134 页）

杆秤产生的历史悠久，但发明于何时尚有争议，杆秤与“权”“衡”之间的异同也是争论的焦点。刘幼铮对相关名称进行了探讨，以权衡为代表的等臂天平和不等臂天平的名称，通行于春秋至两汉；杆秤以“秤”“称”为名称，则始于两汉以后的三国，至唐以后提系杆秤仅用“秤”字。因此，他推论提系杆秤的出现应不早于东汉末至三国之际。此一家之言，有学者并不赞同。

在考古发现中，迄今出土最早的杆秤是春秋战国时期的等臂天平。秤杆的中间有提挈用的绳子，两端各悬挂秤盘，使用时将物品和砝码分别放置于两边的秤盘，直至天平平衡，此时所加砝码的重量就是物品的重量。南朝的张僧繇所画《执秤图》中的秤，可以说是最早有记载、有图像的杆秤。其杆秤制作精良，有秤砣和秤杆，因此通常认为南北朝时杆秤已经广泛使用。当然，从社会经济及科技发展来看，杆秤的出现应早于此时。其时的杆秤秤杆上有两个提纽，即有两个量程；还有两条刻度线，一条刻度线在秤杆的上面，另一条刻度在侧面。当称重量较大的物品时，用第一个提纽——“头纽”，因为“头纽”的称量范围大，然后移动秤砣使秤杆平衡，以秤杆上面的刻度来计重量；称重量较小的物品时用“二纽”，因为“二纽”的称量范围小，以秤杆侧面的刻度来计重量。由于杆秤制作简单容易，使用方便，因此很快在商业、手工业、农业和民众日常生活中应用起来，在使用过程中不断地改进和完善。到了宋代，杆秤已相当成熟。

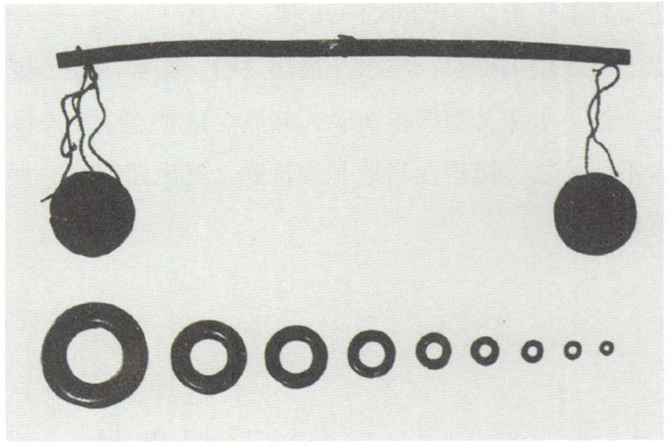

战国时期的木衡（选自《中国古代度量衡图集》，第 106 页）

杆秤一般由专业的工匠制作，传统的制作方式有一百多道工序，如选料、制胚、刨圆、套铜套、装刀口、归尺、打孔、做星、磨光、抛光、上色、校量等。秤杆一般选用不变形、不易折断、耐磨的木料，如国槐木、橡木、枣木或梨木等。那么，杆秤为什么要做成头粗尾细呢？根据杠杆平衡的原理，杆秤的秤杆做成均匀的圆柱体是可行的，但由于杆秤本身的重心不在秤钩（或秤盘）和提纽之间，在称重量小的物品时，要将秤砣悬于秤钩和提纽之间才能使秤杆平衡；在称重量为某一特殊值时，悬秤砣的位置会与提纽重合，这时无法读出数值。而不均匀秤杆就不会出现类似问题，使用起来较为方便，因此在制作杆秤时就将秤杆做成头粗尾细。

山东乡情展馆・杆秤（郭晓宁、史天思　摄）

杆秤结构简单，使用方便，自诞生以来一直受到普遍欢迎，在促进商品贸易和方便百姓日常生活等方面发挥着重要作用。至今在山东各地农村的集市上还能见到小商小贩们在使用杆秤。

四、节日

——山东传统岁时节日

岁时节日，主要是指与天时、物候的周期性转换相适应，在人们的社会生活中约定俗成的、具有某种风俗活动内容的特定时日。岁时源于古代历法，节日源于古代季节气候，简单地说是由年月日与气候变化相结合排定的节气时令。不同的节日有不同的节日文化，且以年度为周期，循环往复，周而复始。

传统节日在民众的社会生活中占据着重要地位。下面对山东传统的岁时节日分而述之。

（一）春　节

元　日

〔宋〕王安石

爆竹声中一岁除，春风吹暖入屠苏。
千门万户曈曈日，总把新桃换旧符。

（本诗引自〔宋〕王安石著，马秀娟译注：《王安石诗文选译》，1994 年，第 83~84 页）

农历正月初一是中国最隆重的传统节日——春节。关于春节的起源，说法不一：一部分人认为春节源于上古时期的腊祭，一部分人认为春节源于古代巫术仪式，还有人认为春节源于人的生存本能的自然要求。在山东，春节期间有许多民俗活动，例如放爆竹、拜年、吃水饺、走亲戚等。

1. 放爆竹

南朝梁宗懔《荆楚岁时记》载：“正月一日，是三元之日也，谓之端月。鸡鸣而起，先于庭前爆竹，以辟山臊恶鬼。”（〔梁〕宗懔撰，宋金龙校注：《荆楚岁时记》，山西人民出版社，1987 年，第 1 ～ 3 页）当时放爆竹是将天然的竹子用火烧，发出爆裂声，以驱鬼避邪。到宋代，出现了现代意义上的鞭炮。宋元之际的周密在《武林旧事》中载：“至于爆仗，……而内藏药线，一爇连百余响不绝。”（〔南宋〕周密撰，傅林祥注：《武林旧事》，山东友谊出版社，2001 年，第 57 页）宋代诗词中亦常见放爆竹的诗句，如苏轼有“爆竹惊邻鬼，驱傩逐小儿”的诗句，陆游也

零时发纸及祭神（选自《图说山东民俗》，第 34 页）

有“前村后村燎火明，东家西家爆竹声”的诗句。清代百一居士《壶天录》载：“京师人烟稠密，甲于天下，富家郭购千竿爆竹，付之一炬。贫家即谋食维艰，索逋孔丞，亦必爆响数声，香焚一炷，除旱年之琐琐，卜来年之蒸蒸，此习沿类然也。”（〔清〕百一居士：《壶天录·卷上》，清光绪申报馆丛书本，第 47 页）在山东，旧俗春节从正月初一零点开始，各地一般首先进行“发纸”，即焚香祭祀，开门前先放一挂鞭炮，然后才能说话。现今放爆竹，有着除旧纳新的意味。

2. 吃水饺

在山东，春节普遍吃水饺。在新疆的吐鲁番唐墓中曾发现迄今为止最早的实物水饺，与今天的差别不大。明代《正字通》载：“今俗饺饵，屑米面和饴为之，干湿大小不一，或谓之‘粉角’。北人说角如矫，实即饺耳。唐人谓之‘牢丸’。段成式《食品》有‘汤中牢丸’，即今水饺子；其‘笼上牢丸’即今蒸汤饺也。食毕出门拜年，由近及远，元午直到烧灯后。”（转引自常建华：《节日里的中国》，中华书局，2006 年，第 12 页）明清之际春节吃水饺兴盛于北方。清代富察敦崇《燕京岁时记》载：“京师谓元旦为大年初一。……是日，无论贫富贵贱，皆以白面作角而食之，谓之煮饽饽，举国皆然，无不同也。富贵之家，暗以金银小锞及宝石等藏之饽饽之中，以卜顺利。家人食得者，则终岁大吉。”（〔清〕富察敦崇：《燕京岁时记》，北京古籍出版社，1981 年，第 45 页）可见，当时春节吃水饺已很普遍，

下水饺（选自《图说山东民俗》，第 53 页）

且水饺里要包一些金银宝石之类，具有卜占求吉的功用。

在山东，各地对水饺的称呼也不一样，有包子、水包子、馉饳、扁食、便食、遍食等。清末民初胡朴安《中华全国风俗志》中记载了时人对水饺的称谓："元旦用面作角子。齐俗用素馅儿者多，省垣谓之水包子。市肆鬻卖者谓之扁食，亦谓之水饽饽。东府谓之馉饳。此则不独东省为然，北数省皆盛行之。"（胡朴安：《中华全国风俗志》，气象出版社，2012 年，第 40 页）春节吃水饺充满了节日气氛。山东春节的水饺除了包馅料外，还包硬币、枣、栗子、糖果、豆腐、花生等。吃到硬币意味着来年财源滚滚，吃到枣和栗子意味着"早立子"，吃到糖果意味着生活甜蜜，吃到豆腐意味来年有福，吃到花生意味着长命百岁。而下水饺时，不能说水饺烂了、破了，要说挣了，有挣钱的意思，有时还故意弄碎几个，以求吉利。在鲁中地区，煮饺子时有很多禁忌，如忌吹冷风，因此不能拉风匣助燃，只能烧柴，俗语说"人家发旺，全凭烧上"。烧的柴还要芝麻秸秆，取其芝麻开花节节高的寓意。在青岛莱西，包完水饺前，要故意剩下一点面和菜，然后包水饺的人故作不知道地说，"哟，剩面剩下菜了"，意味今年日子过得富足，剩下粮食又剩下钱了，不然认为不吉利。当地猪肉馅的水饺寓意"年年有"，素馅的寓意"素静平安"，还有其他馅料的，但只能选择一种，意思是"一心一意过日子"。吃饺子时，尽量多吃，因为饺子的形状像旧时的元宝，吃得多发财也多。吃完后，把水饺汤泼到猪圈里或鸡舍里，据说过年的饺子汤能预防瘟疫。

在山东，春节除了吃饺子外，还有其他应节食品。在青岛莱西，年三十中午做大锅菜，吃之前，先盛出一碗米和一碗菜等春节早晨全家吃，称"隔年菜（财）"，意味新年仍有财。春节午夜零点，全家一块儿吃饭，第一口吃到的是年糕，意味着年年高，然后吃鸡、鱼，意味着吉庆有余。饭后一家人一起吃点儿瓜子，意味着多子多孙多富贵。

3. 去拜年

拜年（选自《中国节——图说民间传统节日》，第 231 页）

在山东，大年初一早晨人们都早早起床，放完鞭炮、吃完水饺后，就要出去拜年了。过去，一般人家生活水平都不高，难得有新衣服穿，一到过年人人都置办新衣，正月初一男女老幼就里里外外更换一新，出门拜年。唐代刘禹锡有“燎火委虚炉，儿童衒彩衣”，元代赵孟頫有“田家重元日，置酒会邻里。小大易新衣，相戒未明起”的诗句，这些诗句描绘的就是拜年的情景。在唐代，亲朋在春节互相问候的习俗称贺寿，即祝贺又长了一岁。薛逢有诗“相逢但祝新正寿，对举那愁暮景催”，白居易也有诗“庆吊经过懒，逢迎跪拜迟。不因时节日，岂觉此身羸。”这些都是对当时春节亲友乡邻之间相互拜贺情景的描述。明代陆容在《菽园杂记》中也记述了当时拜年的情景：“京师元旦后，上自朝官，下至庶人，往来交错。道路者连日，谓之拜年。”（〔明〕陆容：《菽园杂记》，中华书局，1985 年，第 47 页）在山东，拜年通常由近及远：首先从家庭开始，一家人中，晚辈给长辈拜年，长辈都会给晚辈压岁钱，平辈之间也要互相拜年；之后进行近拜，就是给本家族五服内的亲戚长辈拜年；最后是给出五服的长辈和亲朋好友拜年。去长辈家拜年时，一进屋便喊“大爷（叔），过年好”，长辈们通常是女性长辈会热情地递来香烟、糖果、瓜子、茶水等，拜年时间虽然不长，但都要遵守礼节。旧时晚辈都要给长辈磕头拜年，现今多是问候。在潍坊安丘，初二早晨晚辈再到家族内没出五服的长辈家问候，通常问“某某，您过年过得乏！”

4. 走亲戚

从正月初二开始出门走亲戚拜年，平时联系较少的亲戚，过年都要走动走动。正月初一之后，走亲访友、招待客人是每家每户的大事。唐代薛逢有“蛮榼出门儿妇去，乌龙迎路女郎来”之诗句，反映了当时春节女儿回娘家的习俗。山东各地走亲戚的顺序不一样：在青岛莱西，俗语说“先看姑，后看舅，岳父岳母在后头”；在聊城临清，初二去姑姨家，初三拜丈人；在潍坊临朐，初二走舅舅家，初三看丈人；在胶东地区则是先看丈人再看舅；在青岛即墨，初三或初四去丈人家，当地俗语说“拜四不拜五，拜五死丈母”。

走亲戚要携带礼物。在菏泽东明，旧时走亲戚携带礼物以馒头为多，多盛放在篮子里，所以又称“馒头篮子”，常说“闺女是娘的馒头篮子”。拜年时的礼物除了馒头外，还有包子、柿饼、点心之类。在潍坊安丘，旧时拜年的礼物多是烧饼、油条、饽饽等，上面盖着毛巾，俗话说“正月里的礼，薄起那纸”。拜年的客人一般吃完饭都要回家，在菏泽东明有俗语说“拜年不住年，住年两不全”，“闺女不住节，住节死她爹”。一般走亲戚，日期不能太晚，潍坊安丘有俗语说“出门出到十五六，也没有饽饽也没有肉”。

走亲戚（选自《山东省志·民俗志》，彩插）

（二）元宵节

青玉案·元夕

〔宋〕辛弃疾

东风夜放花千树，更吹落、星如雨。宝马雕车香满路，凤箫声动，玉壶光转，一夜鱼龙舞。

蛾儿雪柳黄金缕，笑语盈盈暗香去。众里寻他千百度，蓦然回首，那人却在，灯火阑珊处。

（本词引自王景科等：《中国传统节日诗词鉴赏》，山东友谊出版社，1994 年，第 84 页）

正月十五是中国的传统节日——元宵节。中国古代称始为元，夜为宵，元宵节就是春节后的第一个月圆之夜，所以也称元夕、元夜。关于元宵节的起源说法不一，有源于汉文帝说，有源于佛教说，还有源于汉代祭祀太一说。在隋唐时期，赏灯风习兴盛一时，经历数代形成赏灯之俗，故又称“灯节”。道教称正月十五为上元，因此元宵节又称上元节。山东民间一般习惯称正月十五或过十五。在济宁、菏泽、枣庄一些地方称正月十五为“过小年”“小年”，菏泽东明则称“小年下”。元宵节是春节后又一重大传统节日，至今节庆仍然隆重。

1. 占卜农事

元宵节的最早起源应与正月十五在历法上的特殊位置有关。上古时代，中国还没有完善的历法，人们只能凭借对日月星辰、气候和动植物随季节变化的观察来“观象授时”。在时间观念成熟和天文知识发展起来之后，人们创造了历法，以指导农事、安排生活。由于正月十五在春耕春播之前，便与原始信仰相结合形成占天象、测农事的农业生产实践。北魏贾思勰在《齐民要术》中引《物理论》载，“正月望夜占阴阳，阳长即旱，阴长即水，立表以测其长短，审其水旱……”（〔北魏〕贾思勰，李立雄、蔡梦麒点校：《齐民要术》，团结出版社，1996 年，第 114 页）。

在山东，元宵节也有占卜农事的习俗。在济南地区以及德州乐陵、烟台蓬莱等地，放河灯占验庄稼丰歉。灯谐音“登”，无风为收灯，意味着庄稼丰收，有风则意味着歉收。清代《道光济南府志》载：“元夕……试灯（十四日主麦，十五日主谷，十六日主豆）。月明风恬为收灯，主丰年。”（《中国地方志集成·山东府县志辑 1》，凤凰出版社，2004 年，第 282 页）

还有用面灯占卜。胶东地区正月十五按月份做十二盏豆面灯，蒸熟后，看各月份面灯里水的多少来判断这一年各月份的寒暖和旱涝。清代《道光招远县续志》载：“尝以三夜风色候早晚田丰歉。又作面灯十二，各照月序蒸之，以卜水旱，颇验。”（《中国地方志集成·山东府县志辑 47》，凤凰出版社，2004 年，第 359 页）《民国莱阳县志》载：“又依月序作面盏十二蒸之，验其干湿以卜水旱。”（《中国地方志集成·山东府县志辑 53》，凤凰出版社，2004 年，第 474 页）

在潍坊安丘，正月十四、十五、十六这三天晚上如果没有风或风不大，称收灯。收灯意味着庄稼丰收。当地有“头灯芝麻，末灯黍，中灯收了收秫秫”的谚语。元宵节早晨，各家在院内将草木灰撒成粮食囤的形状，当地称打囤子，在囤子里放 5 种粮食，一直到太阳升起，以祈愿庄稼丰收。

正月十五面灯（选自《山东居家饮食民俗》，第 205 页）

2. 元宵赏灯

元宵节张灯赏灯的习俗是最为丰富多彩、最吸引人的活动。唐朝已把元宵节作为“燃灯”节日。《唐会要》载：“每载依旧正月十四、十五、十六日开坊市燃灯，永为常式。”（〔宋〕王溥：《唐会要》，中文出版社，1978年，第862页）宋代还出现了元宵节猜灯谜的活动。宋元之际的周密在《武林旧事·灯品》中记载：“又有以绢灯剪写诗词，时寓讥笑，及画人物，藏头隐语，及旧京诨语，戏弄行人。”（〔南宋〕周密撰，傅林祥注：《武林旧事》，山东友谊出版社，2001年，第42页）所谓隐语即谜语。明清时期，元宵节张灯、赏灯、猜灯谜更加普遍了。明代张岱《陶庵梦忆》载：“十字街搭木棚，挂大灯一，俗曰‘呆灯’，画《四书》《千家诗》故事，或写灯谜，环立猜射之。”（〔明〕张岱著，卫绍生译评：《陶庵梦忆》，吉林文史出版社，2001年，第126页）到清代，元宵节灯的种类更加多种多样。清代顾禄《清嘉录·灯市》载：“腊后春前，吴趋坊、申衙里、皋桥、中市一带，货郎出售各色花灯，精奇百出，如像生人物，则有老跎少、月明度妓、西施采莲、张生跳墙、刘海戏蟾、招财进宝之属；花果则有荷花、栀子、葡萄、瓜、藕之属；百族则有鹤、凤、鸩鹊、猴、鹿、马、兔、鱼、虾、螃蟹之属；其奇巧则有琉璃球、万眼罗、走马灯、梅里灯、夹纱灯、画舫、龙舟，品目殊难枚举。”（〔清〕顾禄撰，王迈校点：《清嘉录》，江苏古籍出版社，1999年，第30页）

观灯行乐（选自《中国节——图说民间传统节日》，第53页）

在山东，元宵节张灯赏灯猜灯谜之俗昌盛。清代《光绪增修登州府志》记载：

龙船灯（选自《山东民俗文化与民间艺术》，第 105 页）

“至昏，街市及各巷口皆结棚悬彩灯。各庙张灯或为鳌山、狮象、龙鱼，谓之灯会。好事者作灯谜，榜于通衢，群聚观之，谓之打独脚虎。”（《中国地方志集成·山东府县志辑 48》，凤凰出版社，2004 年，第 71 页）《民国临朐续志》记载：“至十五日为元宵节。自十四起至十六日，每夕悬灯大门，星月焕映，光明如昼。在前清盛时，县署每饬令城关高扎彩棚，盈街蔽巷，张灯挂彩，斗新争奇，极一时之盛。”（《中国地方志集成·山东府县志辑 36》，凤凰出版社，2004 年，第 408 页）菏泽一些地方，元宵节家家户户挂雪花灯。清代《光绪曹县志》记载：“曹俗尚雪花灯，净白莲四纸剪成，一岁之力止成一灯，外标雪花，内行连环，细错，有三层四层，极其工致。当年惟杨氏灯至七层焉。每逢佳节，户悬此灯，一望皓素缤纷，如同雪幕。”（《中国地方志集成·山东府县志辑 84》，凤凰出版社，2004 年，第 44 页）

山东民间也有元宵节制灯、送灯的习俗。清代《光绪增修登州府志》记载：“上元各家以萝卜燃炷作灯，或以豆面为之。午后送先墓，谓之送灯。”（《中国地方志集成·山东府县志辑 48》，凤凰出版社，2004 年，第 71 页）在潍坊安丘，元宵节晚上，人们用萝卜或豆面制的灯送到祖坟上，请故去的祖先与家人一同过元宵。在枣庄山亭，用胡萝卜做灯，放于宅门两侧、屋门两侧、灶王前、石磨、栏圈、

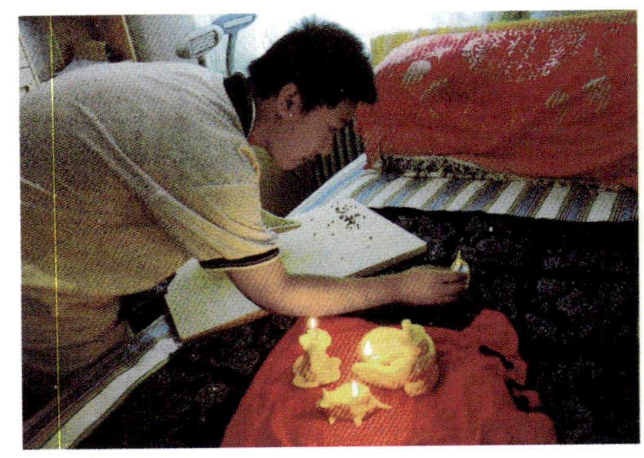

胶东孩子十分专注地点属相灯（选自《山东民俗文化与民间艺术》，第 77 页）

胡萝卜灯（选自学位论文《招远地区面花民俗造型研究》）

鸡舍、厕所等地方，主妇在屋内焚一炷香，其他地方各插一支香，烧纸、磕头、放鞭炮，称发纸，即祭祀。在淄博沂源，在元宵节这天，人们不但在门前放灯，还要到坟茔墓地送灯，有面灯、胡萝卜灯等，以祭祀祖先。在烟台龙口，元宵节傍晚去祖坟送灯祭拜，俗语说“给老祖宗送灯照着捉虱子”。在滨州博兴，元宵节有照灯的习俗：男孩子提着鞥，绕枣树六圈，一边绕一边念叨“嘟佬嘟佬，开花结枣”六遍，据说照了枣树，枣子就能丰收。在山东一些地方，按家庭成员属相做生肖面灯，元宵节晚上点燃，据说燃灯时间长的，能长寿。

3. 放烟火

元宵节期间另一项重要活动就是放烟花爆竹。宋代吴自牧《梦粱录》载：“又有市爆杖、成架烟火之类。”（〔宋〕吴自牧：《梦粱录》，中国商业出版社，1982 年，第 45 页）由此可见，在宋代元宵节就有放烟火的习俗了。到清代，烟花爆竹的种类极多。清代富察敦崇《燕京岁时记》载：“花炮棚子制造各色烟火，竞巧争奇，有盒子、花盆、烟火杆子、线穿牡丹、水浇莲、金盘落月、葡萄架、旂火、二踢脚、飞天十响、五鬼闹判儿、八角子、炮打襄阳城、匣炮、天地灯等名目。富室豪门，争相购买，银花火树，光彩照人，车马喧阗，笙歌聒耳。”（〔清〕富察敦崇：《燕京岁时记》，北京古籍出版社，1981 年，第 48 页）

放烟火（选自《中国节——图说民间传统节日》，第 51 页）

在山东，元宵节放烟火之俗非常普遍。清代《光绪增修登州府志》记载："上元……又有烟火会，银花火树，杂以爆竹，砰訇徧远迩。或竖木作高架，缚各种烟火于上，谓之架花，皆巧立名目以竞胜。"（《中国地方志集成·山东府县志辑48》，凤凰出版社，2004年，第71页）《民国茌平县志》载："旧历正月十五日，谓之元宵。市肆张灯，民燃花炮。"（《中国地方志集成·山东府县志辑90》，凤凰出版社，2004年，第69页）

在潍坊临朐、淄博周村、枣庄滕州等地，元宵节打铁花是为一景。打铁花一般选择在没有风雨雪的晚上，于地势平坦开阔的田野上举行，因这样的地方能容纳更多的人，且不易发生危险。有的也选择在河边有树的地方举行，一方面铁花落于水上树上，有玉树银花的效果，另一方面有河阻隔也安全。通常打铁花的师傅们将铁铜铝末融化，用铁勺将金属液舀起倒在放有谷糠的长木板上，也有用铁锨端着铁水的，然后跑到打花场，将金属液扬至空中，用木板用力一击，铁花漫天飞舞，接连击向夜空，煞是好看。

4. 闹元宵

在元宵节，民间传统有闹元宵的习俗。这天有很多游艺活动，如舞龙、踩高跷、秧歌、旱船、竹马等。清代《光绪增修登州府志》记载："上元……子弟陈百戏，演杂剧，鸣箫鼓，谓之秧歌。喧阗彻夜。"（《中国地方志集成·山东府县志辑48》，凤凰出版社，2004年，第71页）《民国莱阳县志》载："上元……小儿陈百戏，演杂剧，鸣鼓啸，谓之秧歌。或木作船形，帷之以布，张灯悬彩，人立于中以行，谓之跑旱船；或农器作仪仗，一人扮官相，一人扮官妇，谓之灯官。皆杂以锣鼓、灯烛，喧阗彻夜。"（《中国地方志集成·山东府县志辑53》，凤

舞龙（选自《沂蒙民俗风情概览》，第28页）

凰出版社，2004 年，第 474 页）

淄博张店正月十五跑旱船（选自《山东民俗》，彩插）

在潍坊安丘，正月十五是闹元宵的高潮，白天鼓乐喧天，踩高跷、扭秧歌、舞龙灯、耍狮子、跑旱船、跑驴、姜老背姜婆等。当地流行踩高跷扭秧歌，其中拿伞的“伞杆子”角色很重要。“伞杆子”拿一把伞在中间，其他演员随着锣鼓点绕场转。几圈后，“伞杆子”把伞向锣鼓处一指，锣鼓停下来。“伞杆子”便唱起来，“挑起伞来把话言，今天特为来拜年，众位乡亲过年好啊，日子过得比蜜甜。”唱完后，锣鼓又响起来。唱几轮，其他演员再唱，多为秧歌调，也表演短剧。

在淄博沂源，从正月初五到正月十五，各村各庄都组织各种娱乐活动，走村串乡，称玩十五、闹元宵、玩灯。元宵节这天表演达到高潮。演的节目有跑荷花灯、闹海、耍龙灯、舞狮子等。当地玩十五，还可以根据喜好，随意化妆成丑婆、憨汉、傻姑、顽童等，并以锄头、扫帚、菜篮子、粪筐等为道具，即兴表演。

在潍坊青州井塘村，从正月十四到正月十六请剧团来唱戏。附近几个村子有踩高跷、舞龙灯等活动，都要进行串村表演，当地称“玩玩意儿”。旧时元宵节这天，临沂费县在玉皇庙会举行“送驾”仪式，潍坊安丘每三年举行一次为玉皇大帝“发驾”的仪式，场面都非常隆重。

5. 祭拜紫姑

关于紫姑的最早记载见于南朝宋刘敬叔的《异苑》，“世有紫姑神，古来相传云是人家妾，为大妇所嫉，每以秽事相次役，正月十五日感激而死。故世人以其日作其形，夜于厕间或猪栏边迎之。……能占众事，卜未来蚕桑……”（〔南朝宋〕刘敬书撰，范宁校点：《异苑》，中华书局，1996 年，第 45 页）。

在山东，称紫姑为七姑、厕姑、赛紫姑等，在正月初七更多是在正月十五祭拜，一般只有女性参加，问婚姻、桑蚕及卜吉凶等。清代《咸丰庆云县志》载：“上元……村女请紫姑卜休咎。”（《中国地方志集成·山东府县志辑20》，凤凰出版社，2004年，第336页）旧时，在济南、临沂等地也有元宵节请紫姑的风俗。在菏泽东明，元宵节有女孩们“拉七姑奶奶”、男孩们“拉七姑爷”的风俗，俗语说：“您拉七姑奶，俺拉七姑爷。您从大路跑，俺向小路截，截住姑奶配姑爷。”枣庄山亭正月初七请七七神、菏泽东明正月十五玩“七小姐”的风俗也可能是源自对紫姑神的祭拜。

6. 应节食品——元宵

唐代段成式在《酉阳杂俎》中有“牢丸”的记载，有人认为应是元宵的前身。到宋代，元宵开始流行。宋代陈元靓《岁时广记》卷十引《岁时杂记》载：“京人以绿豆粉为科斗羹。煮糯为丸，糖为臛，谓之圆子。盐豉捻头，杂肉煮汤，谓之盐豉汤。又如人日造茧，皆上元节食也。”（转引自江玉祥：《元宵节俗》，《文史杂志》2012年第2期）其中，“煮糯为丸，糖为臛，谓之圆子”就是后来的元宵，不过当时的圆子是没有馅的，是实心米圆，蘸着糖臛吃。明清之际，元宵节吃元宵非常普遍。清代富察敦崇《燕京岁时记·灯节》载：“市卖食物，干鲜俱备，而以元宵为大宗。亦所以点缀节景耳。”（〔清〕富察敦崇：《燕京岁时记》，北京古籍出版社，1981年，第48页）清代李调元的《元宵》一诗描绘了卖汤圆的情景：“元宵争看《采莲船》，宝马香车拾坠钿。风雨夜深人尽散，孤灯犹唤卖糖圆。”

卖汤圆（选自《中国节——图说民间传统节日》，第54页）

元宵节这天，山东普遍吃元宵。烟台莱阳等地称团圆，济南一带称糖圆。在淄博沂源，在元宵节这天吃元宵，当地因为不产糯米，就用小米、黍子面做成，当地很多人家这天吃水饺。在潍坊安丘，元宵节吃面条，正月十六吃水饺或元宵。在枣庄山亭，旧时元宵节这天也不吃元宵，中午吃水饺，晚上炒几样菜吃。

（三）二月二

二月二日

〔唐〕李商隐

二月二日江上行，东风日暖闻吹笙。
花须柳眼各无赖，紫蝶黄蜂俱有情。
万里忆归元亮井，三年从事亚夫营。
新滩莫悟游人意，更作风檐夜雨声。

（本诗引自〔清〕彭定求等：《全唐诗·第五卷》，中州古籍出版社，2008 年，第 2785 页）

农历二月二日是山东农村重要的传统节日，俗称“龙抬头”，又称“青龙节”“龙头节”“春龙节”。此时，春节刚过，田间农事活动即将展开。农谚曰：“二月二，龙抬头，大家小户使耕牛”，“二月二，龙抬头，大仓满，小仓流”。

隋唐之前，二月二不算是节令。作为节日，二月二萌芽于隋唐时期。隋末唐初的孙思邈在《千金月令》中载：“二月二日取枸杞煎汤，晚沐，不病不老。”中唐时期，民间二月二日有郊外春游的习俗，白居易有诗：“二月二日新雨晴，草芽菜甲一时生。轻衫细马春年少，十字津头一字行。”唐末五代之际的韩鄂在《岁华纪丽》中载：“昔巢氏时，二月二乞得人子，归养之，家便大富，后以此日出野，曰采蓬，兹向门前以祭之，云迎富。”（〔唐〕韩鄂：《岁华纪丽》，中华书局，1985 年，第 24 页）可见，中唐后，在二月二日这一天有春游踏青、迎富、采菜等习俗活动。宋代，二月二也流行春游采菜，甚至以“挑菜节”“踏青节”命名。元明清时期，二月二日除了踏青之外，盛行“龙抬头”这一风俗。元人熊梦祥的《析津志·岁纪》载：“二月二日，谓之龙抬头。五更时，各家以石灰于井畔周遭糁引白道，直入家中房内，男子妇人不用扫地，恐惊了龙眼。”（〔元〕熊梦祥：《析津志辑佚》，北京古籍出版社，1983 年，第 214 页）明清以来，山东二月二形成了引龙、打囤、饮食避害、击梁驱虫、炒蝎豆等民俗活动。

1. 引　龙

引龙又称“引钱龙”“引龙填仓”，是山东常见的节日习俗。元代欧阳玄功《渔家傲》说“二月都城春动野，引龙灰向银床画”。明代沈榜《宛署杂记》载：“乡民用灰自门外委蜿布入宅厨，旋绕水缸，呼为引龙回。”（〔明〕沈榜：《宛署杂记》，北京古籍出版社，1980 年，第 191 页）《民国商河县志》载：“二月朔日为中和节，唐时为金钱会。今人但以二日为‘春龙节’。取灶灰围屋如龙蛇状，名曰引龙线，招福祥也。”（《中国地方志集成·山东府县志辑 17》，凤凰出版社，2004 年，第 65 页）在山东，人们一般是把灰从大门外蜿蜒撒至厨房，然后围水缸一周，谓之引龙；也有用糠撒到井，再由井撒灰入室。在潍坊安丘，清早出太阳之前，撒灰于大门口、二门口、屋门口还有墙根处，撒成条形或曲线，以驱虫、避瘟、消灾。潍坊临朐、菏泽郓城一些地方，这天在房子周围撒一圈灰，称打围墙，据说穿山甲害怕草木灰，不敢进屋，此外也有防洪水的作用。有的在屋内再撒一钱柜，里面放一枚制钱或银圆，然后老年妇女边用木棍敲打门枕石和门框，边念叨“二月二，敲门砧，金子银子往家滚。二月二，敲门框，金子银子往家扛”。引龙，一说是能增加财富，故谓引龙钱；一说是能辟虫害。

2. 打　囤

打囤又称“打灰囤”“围仓”，就是用草木灰在场院或院子里撒成仓囤形状。宋代陆游有“处处遥闻打囤声”的诗句。在山东，打囤一般在二月二早晨，先用簸箕盛上草木灰，用一根木棍轻敲其边沿，使灰慢慢落下，成为灰线，边打边走，围一圆圈，名为囤或仓，中间再放上少许五谷杂粮即成。

在枣庄山亭，二月二早晨太阳出来之前，妇女们在院中放上粮食，有高粱、谷子、大豆、小麦、棉籽，代表五谷，上面覆以石块，四周撒上灰，绕五圈，称“围仓囤”，引仓龙。三天后，早晨用块干净的布盖住石头，将石头下的粮食装进口袋，不能看，然后倒进粮仓里，称“收仓龙”。当地认为，仓龙进粮仓，就有永远吃不完的粮食，说仓龙一翻身，粮仓就满仓。当地也有谚语云“二月二的仓囤——在人围（为）”。

在菏泽东明，围好囤后，要在粮囤前烧香、摆供、放爆竹，祭祀龙神，还要敲锣打鼓、舞龙灯，期望有个好收成。

菏泽村民手绘的打灰囤示意图（选自《图说山东民俗》，第 39 页）

旧时，二月二也有占卜农事的习俗。《民国莱阳县志》载：“二月二日，俗谓之龙抬头。……各庭院或街巷、场圃，用灶灰画圈，谓之打灰囤，中置菽麦、杂粮，以灰掩之，伺鸡啄以卜丰歉。”（《中国地方志集成·山东府县志辑 53》，凤凰出版社，2004 年，第 474 页）清代《宣统滕县续志稿》载：“二月二日，以灰围地，上作规式，中掘一坎，埋五谷于内。验其生芽与否，以卜岁所宜谷。”（《中国地方志集成·山东府县志辑 75》，凤凰出版社，2004 年，第 448 页）

3. 饮食避害

二月二人们吃煎饼，也有煎正月留下的年糕吃的。在潍坊安丘，当地百姓会将过年时的饽饽留到二月二这天吃，据说，在这天吃了过年的饽饽，一年吃东西不噎食，还说一年都吃得好。当地也吃过年留下的年糕，称“撑腰糕”，说是吃了过年的年糕不腰疼。在淄博沂源，这天要蒸一个特大馒头，有的一锅就蒸一个，馒头上有面制的叶子及一颗红枣，有的也做成各种动物，如龙、虎、鱼、燕子等。在菏泽东明要做些煎炒的食物，例如煎年糕、煎柿饼、炒凉粉等，称“煎蝎肚儿”。而在烟台莱州，当地认为二月二是龙抬头、龙出蛰的日子，人们要包水饺、摊煎饼吃，俗语说“二月二摊煎饼，孙男嫡女一天井”，俗信摊煎饼关乎家族人丁兴旺。

4. 击梁驱虫

山东有的地方二月二这天要敲敲房梁惊吓老鼠，据说这样老鼠就再也不出来了，现今多是辟虫害。有的老太太在这天早上用木棒敲敲房梁和床沿，边敲边唱“二月二，敲房梁，蝎子蚰蜒无处藏”；有的敲一破瓢，念叨“二月二，敲瓢碴，蝎子蚰蜒双眼瞎”。在潍坊安丘，二月二早上出太阳之前，人们用木棍敲打房屋的大梁，边敲打边念叨“敲打敲打梁，蝎子蚰蜒不出墙”。在枣庄山亭，二月二晚上睡觉后，妇女们要坐床头“敲瓢碴”，就是用木棍敲打瓢，边敲边念叨“二月二，敲瓢碴，十窝老鼠九窝瞎，还有一窝没瞎的，送给家后老某家”，一连念叨三遍。

5. 炒蝎豆

超市售卖的炒豆、面棋等十几种“蝎子爪”（选自《图说山东民俗》，第 39 页）

炒蝎豆，胶东一带称作“报捷”，谐音爆蛰，据说吃了炒蝎豆，一年不被蝎子蜇。蝎豆一般用黄豆炒制，味道有甜的、咸的。在聊城高唐，旧时人们将黄豆放盐水里泡 24 小时，然后将水滤去晒干，放锅中炒熟，意思是春雷鸣动，蜇人的蝎子将出蛰，吃黄豆，就是吃尽蝎子毒，以不被蝎子蜇。吃蝎豆不仅可以辟蝎，有些地方还说谁要吃了七家的蝎子爪，谁就能长命百岁。菏泽郓城等地称“炒蝎子爪”，孩子们边吃边唱：吃了蝎子爪，蝎子不用打。在潍坊安丘，一些地方讲究，家中有属龙或属蛇（小龙）的不能炒蝎豆，炒了对属龙的不利。

6. 龙抬头的风俗

二月二的节日风俗，很多与龙抬头有关。菏泽郓城等地这天家家户户都要把石磨的上扇支起来，称“龙抬头”，据说这样能“细雨下得满地流，一年吃穿不发愁”。枣庄滕州这天蒸馒头称“蒸龙蛋”，吃面条称“吃龙须面”。旧时人们多在二月二这天理发。潍坊安丘称“剃龙头”，俗信正月不剃头，“正月里不剃头，剃头死舅舅”，所以二月二这天理发的特别多。特别是小孩子，父母多为其理发，有望子成龙的意味。在烟威地区，人们将成串的圆形色布挂在小孩儿的帽子上，称“小龙尾”。

7. 禁　忌

二月二也有不少禁忌。最普遍的是妇女不准动刀剪针线，怕戳了龙眼。潍坊安丘、枣庄滕州忌推磨，怕压了龙头。菏泽东明，二月初一午后，就要将磨坊打扫干净，把磨支起来，称龙头抬，并禁止使用；也不能动大车，当地将大路当作地上的龙，怕碾断了龙腰龙尾。德州武城忌太阳出来之前出屋门，否则会“踢囤尖”，不利于今年的收成。潍坊安丘、菏泽东明忌吃面条，据说吃面条会引出蛇、蚰蜒来。在济宁曲阜，二月二不能喝小米粥，不能吃面条，只吃大包子，俗信小米是龙籽，面条是龙须，吃了怕伤害龙，也有的说吃面条会抽龙筋。济宁邹城忌讳妇女在家里梳头、捋绳子，据说做了些事情，屋上的蚰蜒、蝎子、蛇就会掉下来。菏泽郓城忌妇女回娘家，当地俗语云“二月二踩了娘家的仓，不死公爹就死婆婆娘”；而济宁邹城却将出嫁的女儿接回娘家住几天，俗语说“二月二，龙抬头，家家接女诉冤愁”。

旧时二月二后，长工开始上工，一般农家开始试犁。在烟台海阳，扶犁人要拜犁，并唱“犁破新春土，牛踩丰收亩；春种一粒粟，秋收万颗籽”，然后象征性地牵着牛到地里耕一耕。二月二被看作春节的终止，此后停止庆祝活动，开始恢复日常生活。

二月二皇帝春耕图（选自学术论文《杨洛书木版年画研究》）

（四）寒食清明

寒食夜

〔唐〕韩偓

恻恻轻寒剪剪风，杏花飘雪小桃红。
夜深斜搭秋千索，楼阁朦胧细雨中。

（本诗引自〔清〕彭定求等：《全唐诗·第七卷》，中州古籍出版社，2008 年，第 3518 页）

清　明

〔唐〕杜牧

清明时节雨纷纷，路上行人欲断魂。
借问酒家何处有？牧童遥指杏花村。

（本诗引自王景科等：《中国传统节日诗词鉴赏》，山东友谊出版社，1994 年，第 235 页）

冬至后 105 天是寒食节，南朝梁宗懔《荆楚岁时记》记载：“去冬节一百五日，即有疾风甚雨，谓之寒食。禁火三日。造饧、大麦粥。寒食，挑菜。斗鸡，镂鸡子，斗鸡子。”（〔梁〕宗懔撰，宋金龙校注：《荆楚岁时记》，山西人民出版社，1987 年，第 33 ～ 37 页）

寒食节后一两日即清明节。清明最初是二十四节气之一，《岁时百问》说：“万物生长此时，皆清洁而明净，故谓之清明。”清明一到，气温升高，雨量增多，正是春耕春种的大好时节。谚语云：清明前后，种瓜点豆。

在山东民间，大都把寒食、清明合二为一，一般叫清明，有的地方也有单独的寒食节，但过节是在清明前一两日。在潍坊安丘，清明的前两天称“一百五”，前一天称“大寒食”，清明这天称“小寒食”；在东营垦利，清明节前三天称“大寒食”，前两天称“二寒食”，前一天称“三寒食”，第四天为清明，这期间人们的主要活动是扫墓、踏青；在菏泽鄄城，清明前一天是寒食节，又称清明节为“鬼门关节”；在菏泽东明，又称清明为“收鬼节”。清明节的节俗活动很多，主要有扫墓踏青、放风筝、荡秋千、插柳等。

1. 扫　墓

祭祖扫墓是清明节的一项重要内容。但在先秦时期，扫墓与清明节并无关系，唐朝时才有寒食扫墓风俗，到宋代，有关清明节扫墓的记载才多了起来。南宋高翥有诗：“南北山头多墓田，清明祭扫各纷然。纸灰飞作白蝴蝶，泪血染成红杜鹃。”明朝时期，政府对清明节祭祖扫墓都有规定，《明史》载：“上陵之祀，每岁清明、中元、冬至凡三……惟清明如旧。”（〔清〕张廷玉等：《明史》，中华书局，1974 年，第 1474 页）

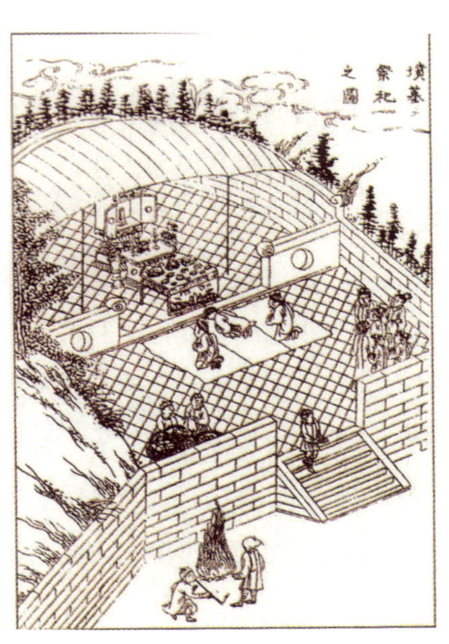

墓祭（选自《中国节——图说民间传统节日》，第 84 页）

除杂草、填土归来（选自《玲珑山下井塘村》，第 96 页）

在山东各地，清明祭扫风俗十分普遍。《光绪增修登州府志》亦载，“寒食日，百五节，拜扫先墓，添土筑坟或迁葬”，“清明，祭先祖”（《中国地方志集成·山东府县志辑 48》，凤凰出版社，2004 年，第 71 页）。在潍坊，旧时有“三日寒食五日年”的说法，即寒食节过三天，春节过五天。寒食节第一天称“一百五”，主要活动是扫墓。在安丘，清明节的前两天早晨天不亮，家家户户去祖坟添土，更换新的坟头顶，即铲一块带草皮的土块，做成上圆下尖，放坟顶上，再在上面压坟头纸。姓曹的坟墓不能留坟头顶，据说是因为曹姓先祖曹操遭人痛恨，换坟顶后会遭人破坏。在临朐，祭扫完后将坟茔上的土带回家，放在宅门的内侧，据说可以增富。在青州，俗语说“一百五，添坟土”，清明节前两天早晨天不亮，拿着铁锨上坟筑土，在坟头上压纸，以祭祀祖先。这天出嫁的女儿也要回娘家上坟。在枣庄山亭，清明前三天里，成年男性为祖坟修坟添土。清明前到家族祖坟上祭拜，再到自己祖父母和父母坟上祭拜，焚香、烧纸箔、祭酒、磕头、放鞭炮等。修坟添土一般在上午进行，祭扫祖坟都在下午四点以后，忌在早晨和中午进行。当地俗信早中晚分别是给少中老上坟的时间，因此禁忌早上、中午上坟。在淄博沂源，一般在寒食下午修坟添土，于坟头上压纸，供上几碗油炸菜和酒，然后烧纸，祭拜。旧时在烟台龙口、滨州博兴等地，清明前四天扫墓。

2. 踏青、放风筝、荡秋千、插柳

出游踏青（选自《中国节——图说民间传统节日》，第 86 页）

早在宋代，踏青之风就已盛行。宋元之际的周密在《武林旧事》中载："清明前三日为寒食……寻芳访胜，极意纵游，随处各有买卖赶趁等人，野果花山，别有幽趣。"（〔南宋〕周密撰，傅林祥注：《武林旧事》，山东友谊出版社，2001 年，第 49 页）清代《光绪增修登州府志》载："清明……男女簪柳枝，士人……出郊踏青为乐。女子有秋千之戏。"（《中国地方志集成·山东府县志辑 48》，凤凰出版社，2004 年，第 71 页）《民国临淄县志》记载，清明节改称植树节，"植树节前二日，谓之百五。至日晨起，添筑祖先墓，夕乃祭之。妇女早起踏青，小儿放风筝，各处设秋千多种，以供村人游戏。而植树者，亦于是日开始移种"（《中国地方志集成·山东府县志辑 8》，凤凰出版社，2004 年，第 133 页）。

旧时在潍坊，寒食节的第二天称大寒食，主要活动是放风筝；第三天为清明节，主要活动是踏青游玩、荡秋千。清代郑板桥的《怀潍县二首》云："纸花如雪满天飞，娇女秋千打四围。五色罗裙风摆动，好将蝴蝶送春归。"说的就是当时放风筝和荡秋千这两种习俗。清末民初梁文灿在《蝶恋花·清明》中写道："三月清明槐火换，茶肆星罗，席地沙滩畔。风送芦弓声一片，纸鸢赛满南河岸。碧玉小家呼女伴，四面秋千，筛得团团转。九朵红云衣靛茜，鸦雏金碧松钗颤。"这首诗描绘了当地放风筝以及转秋千的习俗。《民国潍县志稿》也记载了这种转秋千，"秋千之在人家庭院者，悉属旧式。惟城外白狼河边沙滩上坎地竖一木柱，

潍坊安丘转秋千（选自《山东省志·民俗志》，彩插）

上缀横梁，四面绳系画板，谓之转秋千。小家女子多着新衣围坐画板上，柱下围一木栅，内有人推柱使转，节之以锣，当锣声急时推走如飞，画板可筛出丈余，看似危险，而小女子则得意自若也。又于秋千柱顶上悬一小旗，并系以钱，则有多数勇健少年揉升而上，作猴儿坐殿、鸭鸭浮水、童子拜观音种种把戏，谓之打故事。捷足者得拔旗，携钱以归。观者乃夸赞、呵好不绝。此益多年积习，至今未改”（《中国地方志集成·山东府县志辑 40》，凤凰出版社，2004 年，第 338 页）。在淄博沂源也有这种转秋千，往往是因家庭成员有病得愈或生意发财而还愿，架转秋千供人们娱乐。一般一次许愿，架三年转秋千。

在潍坊安丘，清明节天不亮，就到野外折杨柳枝和松柏枝。人们先用树枝在屋里抽打一会儿，以驱赶蝎子，边抽打边念叨“今天是清明节，只许把墙爬不许把人蛰”，然后插到门上，以驱瘟防毒辟邪。孩子们则用树枝编成项圈给狗戴上，据说狗不招苍蝇。早饭后，男女老幼开始游玩活动。男孩儿们大都去放风筝，女孩儿们则在院里荡秋千。秋千的顶端绑上松枝，系上铜铃铛，秋千一动，铃声叮当悦耳。玩够了秋千就去踏青。小女孩儿们或斗草或寻花，或在麦草中捉迷藏。当地俗语说“小厮盼年，闺女盼寒”。

旧时在潍坊青州，清明一早，小脚妇女们结队去踏青，据说清明踏青脚不生疾；老人们牵着牲口踏青，据说牲口四蹄不病。20 世纪四五十年代，乡村青年穿上新衣服，在村头空地打秋千，儿童在野外放风筝，还有赶庙会、演大戏的活动，亦有老年妇女上山敬神许愿还愿的。

在枣庄山亭，清明节前一天下午折柳枝插在房檐下；还用柳条编成帽子戴在头上，据说一年不生癞；也有做成项圈戴在狗脖子上的，据说不生狗蝇；也有用柳条做哨的，吹起来清亮悦耳。清明插柳，不采坟头柳枝，俗信不吉利。当地还流传踏青歌：“三月里，是清明，姑嫂二人去踏青。打开柜，掀开箱，拿出两件好衣裳，穿在奴身上。出了大门往南走，拐弯抹角下正东。这才来到湖坡中，南走爬到山头上。观看了山头景，叽叽龟、白头翁、鹅兰叫，百鸟声，百花野草朝上生。……”

在临沂、潍坊诸城一些地方，折回柳枝或柏树枝后，抽打屋里墙壁等处，一边抽打一边念叨“一年一个清明节，柳枝单打青帮蝎。白天不准门前过，夜里不准把人蛰”。

在淄博沂源，寒食节将柳枝或松枝插在房檐、磨眼等处。

3. 清明食俗

寒食清明由于禁火，多吃冷食。晋代陆翙《邺中记》载：“寒食三日作醴酪，又煮粳米及麦为酪，捣杏仁煮作粥。”（〔晋〕陆翙：《邺中记》，中华书局，1985 年，第 11 页）唐代柳中庸的《寒食戏赠》云：“春暮越江边，春阴寒食天。杏花香麦粥，柳絮伴秋千。”可见，魏晋南北朝及唐代，人们多吃杏粥、麦粥、饧之类的食品。唐时，人们在寒食节吃煮鸡蛋，因其不仅营养丰富，而且便于保存，适合冷食。《太平广记》载：“唐武德中，……平生不食鸡卵，唯忆九岁时寒食日，母与六枚，因食之。”不仅如此，唐代寒食节还继承了镂鸡子、斗鸡卵的习俗。所谓镂鸡子，就是在鸡蛋上雕刻各种图案，有的还涂上色彩。骆宾王《镂鸡子》诗云：“幸遇清明节，欣逢旧练人。刻花争脸态，写月竟眉新。晕罢空余月，诗成并道春。谁知怀玉者，含响未吟晨。”由诗可见，鸡蛋被镂成人脸的形状，眉眼俱在，生动逼真。另外，还往往将镂好的鸡蛋互相对比，称“斗鸡卵”。唐代元稹《寒食夜》云：“红染桃花雪压梨，玲珑鸡子斗赢时。”

在山东，寒食节各地食俗不一。清代《光绪邹县续志》引《邹鲁岁时记》：“是月有纸鸢、秋千之戏，食榆钱、榆糕、榆饼。”（《中国地方志集成·山东府县志辑 72》，凤凰出版社，2004 年，第 532 页）《民国潍县志稿》记载：“清明日多以秫蜀、麦仁及各杂粮煮饭，此殆古者麦饭之遗

清明红鸡蛋（选自《玲珑山下井塘村》，第 99 页）

俗欤。”（《中国地方志集成·山东府县志辑 40》，凤凰出版社，2004 年，第 338 页）在潍坊，旧时清明节吃白面饼卷鸡蛋，内撒芝麻盐，喝麦仁稀饭。在安丘，妇女们清明节前一天擀饼、煮鸡蛋、熬高粱粥，准备过清明节时食用。清明节早晨，喝前一天做好的高粱粥，吃前一天做好的单饼卷鸡蛋，还把鸡蛋皮儿染成红色给小孩儿吃。在青州，如今清明节，仅保存分食煮鸡蛋的风俗，而在中午吃水饺。在青岛即墨，多吃鸡蛋和冷饽饽。在烟台莱阳、招远、长岛等地吃鸡蛋、喝冷高粱粥。在淄博沂源，旧俗吃冷食、吃熟鸡蛋，还把鸡蛋染成五颜六色，以辟邪求吉，现在只保留吃熟鸡蛋的食俗了。泰安地区多吃煎饼卷野苦菜，据说能明目。鲁西南一些地方吃用柳枝煮的带血的头生鸡蛋，据说能治痨病和哮喘病。在东营利津、威海文登、枣庄滕州等地，清明节吃冷食据说是因为要迎接秃尾巴龙回家。因为秃尾巴龙来的时候总要夹风带雨，怕伤了家乡人，所以从烟囱钻进来，但如果烧火就会伤着它，所以这一天家家禁烟火。

（五）端午节

小重山·端午

〔元〕舒頔

碧艾香蒲处处忙。谁家儿共女，庆端阳。细缠五色臂丝长。空惆怅，谁复吊沅湘。往事莫论量。千年忠义气，日星光。《离骚》读罢总堪伤。无人解，树转午阴凉。

（本词引自王景科等：《中国传统节日诗词鉴赏》，山东友谊出版社，1994 年，第 323 页）

农历五月五日是我国传统节日——端午节，又称重午、端节、端阳、端五、天中节。端午原是夏历的午月午日。先秦至两汉时期，端午的日期每年都不一样；魏晋之后，端午节逐渐固定在五月初五。至迟在春秋战国时期，北方人认为五月是毒月，五日是恶日，每逢此日人们都要做些驱邪避恶的活动。

民间关于端午节的起源，说法不一，最普遍的说法是为了纪念春秋战国时期的伟大爱国诗人屈原。在山东农村，各地风俗不一，有的地方端午节俗与屈原也没关系。在烟台莱阳和临沂一些地方，端午是秃尾巴老李（一条断尾的龙，山东民间神）的纪念日；潍坊临朐有端午祭祀蚕姑的节俗；在烟台长岛，五月初一为小端午，五月初五为大端午；而济宁曲阜的孔府将端午视为家节，是日不拜庙，而由孔府女主人主持祭拜祠堂和慕恩堂，家族内亲朋间互赠粽子。

1. 端午节食俗

端午节，山东普遍吃粽子。最早记载粽子的文献是西晋周处《风土记》，“仲夏端午。端，初也。俗重五日与夏至同。先节一日又以菰叶裹黏米，以栗枣灰汁煮，令熟，节日啖。煮肥龟，令极熟，去骨加盐豉秋蓼，名曰俎龟黏米，一名粽，一名黍”（转引自高丙中：《端午节的源流与意义》，《民间文化论坛》2004 年第 5 期）。由此可见，至迟在晋代，粽子成为端午节食品。至唐代，粽子的种类已经很多，比较有名的如赐绯含香粽、九子粽、百索粽、庾家粽。唐代段成式《酉阳杂俎》载“庾家粽子，白莹如玉”（〔唐〕段成式撰，方南生点校：《酉阳杂俎》，中华书局，1981 年，第 71 页），可见当时的粽子不只有黍（黄米），还有大米粽子。唐时，粽子从节令食品逐渐进入人们的日常生活。在宋代，粽子是人们所喜欢的端午应节食品。孟元老《东京梦华录》载：“端午节物：……香糖果子、粽子、白团。”（〔宋〕孟元老撰，李士彪注：《东京梦华录》，山东友谊出版社，2000 年，第 80 ～ 81 页）苏东坡有“时于粽里见杨梅”的诗句，陆游有“盘中共解青菰粽，哀其将簪艾一枝”的诗句。元代出现了用箬叶包的粽子，突破了菰叶的季节限制；明朝时期，出

包粽子（选自学位论文《烟台长岛县端午节民俗剪纸调查与研究》）

现了用芦苇叶包的粽子，包的馅有枣、豆沙、松子仁、猪肉、胡桃等；清代，还出现了火腿粽子。袁枚《随园食单》中载："洪府制粽，取顶高糯米，捡其完善长白者，去其半颗散碎者，淘之极熟，用大箬叶裹之，中放好火腿一大块，封锅闷煨，一日一夜，柴薪不断。食之滑腻温柔，肉与米化。"（〔清〕袁枚原著，关锡霖注释：《随园食单》，广东科技出版社，1983 年，第 152 页）直到今天，粽子的品种更加多样。在山东，粽子叶多用宽芦苇叶，有糯米、黄米两种，里面多包枣，因此又叫枣粽子。在烟台莱阳，旧时以白面包黄米蒸熟以代替粽子，称银包金。

除了粽子，山东的端午节几乎普遍吃鸡蛋。在山东很多地方，如潍坊安丘、烟台长岛，端午这天早晨都煮鸡蛋吃。家中有儿童的，就将刚煮熟的鸡蛋放在儿童的肚子上滚一滚，据说这样可以使小孩儿一年内不拉肚子、肚子不疼。在潍坊安丘，有的在煮鸡蛋时，加上从田里采的苦夏草，说是小孩吃了胃好，不苦夏。当地也有"吃了端午粽，才把棉袄送"的谚语。在枣庄山亭，端午早晨太阳出来之前采集艾叶，煮鸡蛋时放入，认为吃了可以防治百病。

2. 端午节佩饰

系彩丝（选自《中国节——图说民间传统节日》，第 112 页）

端午节这天，山东很多地方要佩戴五色丝。《太平御览》引东汉末应劭《风俗通》："五月五日以五彩丝系臂者，辟兵及鬼，令人不病温（瘟），亦因屈原。"（转引自高丙中：《端午节的源流与意义》，《民间文化论坛》2004 年第 5 期）可见，佩戴五色丝的习俗有很长的历史。在山东，端午节这天早晨太阳出来之前，给儿童佩戴红黄蓝白黑五色丝（日照一些地方缠七色），并且一直戴到端午节后的第一场雨，其时取下五色丝，扔入雨水中，使其随水流走，象征祛病祛灾。在潍坊安丘，给儿童的手腕、脚踝和脖子上缠上五丝，当地认为五色丝扔到水里能变成蚯蚓。在枣庄山亭，系五色丝于儿童的手指手腕上，还缠在剪刀、门上，认为能驱灾辟邪，当地认为五色丝扔到水里能变成蛇。在烟台长岛的一些渔村，称五色丝为“禄线”“禄寿线”。因为系禄线时，小孩不能乱讲话，因此常于端午的前一天晚上等孩子睡觉后，给未满 12 岁的孩子戴上，多系在手腕上、脚踝处，男左女右。当地认为端午节这天五毒（蝎子、蜈蚣、蛇、蟾蜍、壁虎）会出来害人，禄线有五种颜色的丝线对应五种毒虫，能够防止五毒伤害小孩儿。

端午节这天，山东很多地方还要佩戴香囊，据说能够辟邪驱瘟。在潍坊安丘、临朐以及枣庄滕州等地，做小布袋，里面盛中草药，戴身上，香味扑鼻。在潍坊诸城一带，男孩儿戴的香囊似锄头，意在让男孩儿学种地；女孩儿戴的香囊里插有花针，意在引导女孩儿学女红。在菏泽东明，香囊成为新娘的嫁妆，婚后分发给小姑、小叔们，得到得不到的都互相攀比。在枣庄山亭，香囊有香络子、香桃、艾虎，内填艾叶，可驱虫害、防疾病。香络子四周缉上花边，带彩穗，男青年系腰带上，而少女们多在衣扣上系香桃，儿童在衣扣上系艾虎。未婚女性也将香囊作为定情物赠给未婚夫。

端午节的其他佩饰也很多。在菏泽东明，端午节这天要给不满三岁的小孩儿穿五毒肚兜。所谓五毒肚兜，就是一块黄色棉布肚兜儿上画五毒（蛇、蝎、蜈蚣、蜘蛛和壁虎）和太极图。在小孩儿出生后的第一个端午穿上，夏天过后脱下放好，来年的端午再穿上，连穿三年。据说小孩儿穿上五毒肚兜，夏天就可以辟邪、防虫害、祛瘟疫。在烟台长岛，两三岁的小孩儿也要在端午穿五毒肚兜。当地的五毒肚兜是在大红布上缝制五种毒虫（蝎子、蜈蚣、蛇、蟾蜍、壁虎），有的还在肚兜中间绣上老虎，四周绣上五毒以及长命百岁、健康平安等吉祥字。端午这天一大早，便给孩子穿上，过了

五毒肚兜（选自《沂蒙民俗风情概览》，第 34 页）

小笤帚、小炊帚（选自学位论文《烟台长岛县端午节民俗剪纸调查与研究》）

端午再脱下收好，来年端午再穿。当小孩儿大了不能穿了的时候，就把五毒肚兜收藏起来，有的还会转送给家有小孩儿但没有五毒肚兜的人家。在聊城临清，人们给七岁以下的男孩儿戴上用麦秸做的项链称“符”，给七岁以下的女孩儿戴石榴花，以纪念诗人屈原。当地在端午节这天还要给小孩穿上黄布鞋，鞋帮上用毛笔画上蝎子等五毒，据说能够使儿童免受五毒侵害。在潍坊安丘，用碎布和布条做几个小布孩和布姑娘，缝在外衣左右，具有保护的作用；老年妇女身上戴小笤帚、小炊帚，戴时还念叨“六把苗子九道经，扫了南京扫北京”，据说能扫灾驱邪。烟台长岛的一些地方，端午节这天小孩儿要佩戴小笤帚、小炊帚，当地人认为小笤帚、小炊帚能将灾祸疾病一扫而净，让小孩儿健康成长；在长岛的一些渔村，小孩儿衣服的后肩膀处左右各缝上用花布缝制的棉“布猴”，据说是孙悟空，以求驱毒避恶，保佑平安。德州的一些地方，人们都要戴艾草，当地有谚语“端午不戴艾，死了变成猪八戒”。

3. 端午节挂饰

民谚云“清明插柳，端午插艾”。端午节这天，山东民间普遍在大门上插艾。南北朝梁宗懔《荆楚岁时记》载：“五月五日，谓之浴兰节。四民并踏百草。今人又有斗百草之戏。采艾以为人，悬于户上，以禳毒气。”（〔梁〕宗懔撰，宋金龙校注：《荆楚岁时记》，山西人民出版社，1987 年，第 47 页）可见其历史之久远。

悬艾人（选自《中国节——图说民间传统节日》，第 110 页）

在潍坊安丘，端午节这天太阳出来之前，到野外采艾，还有一种叫猸虎眼的、当地一种很毒的草。回来后，将艾插到大门上，猸虎眼放窗台上，据说能驱虫辟瘟。当地认为采艾的最佳时间是端午早上，此时采的艾最好，所以人们把端午插在大门上的艾保存起来，以备他用。旧时在烟台长岛，端午节的前一天，太阳落山后，要到野外“摸艾子”，就是在野外采叶片肥大、颜色鲜艳的艾。当地认为太阳落山之后没有阳光，这时采的艾性凉，能辟邪。人们也会折些有小桃子的桃树枝回家，当地认为桃树枝有辟邪的作用，且所有不吉利的事情都能逃过去，而有桃子的桃树枝威力就更大了。然后将采回来的艾与桃枝用红布绑在一起，插到大门上。当地有些人家比较讲究，还会用红线将新蒜和黑豆串起来，并在蒜下拴红布，系艾与桃枝上，插于大门上。在菏泽鄄城，俗语说“端午不插艾，死了变个老鳖盖”。在潍坊诸城，除了插艾外，还用一束艾草打打屋里旮旮旯旯的地方，边打边念叨：“今日端午节，蝎子你听着，只许墙上爬，不许把人蜇。”

烟台长岛小钦岛端午节门上插艾草、桃枝、布艺等（选自《山东省志·民俗志》，彩插）

烟台长岛端午节贴大门上的剪纸（选自《山东剪纸民俗》，彩插）

在烟台长岛，端午节还要在大门上贴上各类剪纸。宅门的门槛或下方贴一对牛；虎贴在宅门的上方；葫芦贴虎下方，也贴屋门及窗上；生肖贴于宅门上；剪铰蝎（一只用剪刀铰住的蝎子）多贴在屋门或窗户上；宝剑一般贴在宅门两侧的墙壁或门框上；金蟾多贴在窗户上，且相向而贴；桃贴大门、屋门及窗户上。在长岛少数地方还在门窗上挂桃形荷包、布老虎等。

4. 其他节俗

端午节这天，山东各地还有其他节俗。在潍坊安丘，端午节前，娘家人要带着粽子等礼物去看望出嫁的闺女，如果是第一次，通常在节前十多天。在枣庄山亭，据说端午节这天癞蛤蟆全都躲起来，怕人们捉它，当地称癞蛤蟆躲端午。如果这天能捉到癞蛤蟆，放在太阳下晒，如生蛆，说明癞蛤蟆吃了灵芝草。吃了灵芝草的癞蛤蟆能入药治病，特别是对疮疖之类的皮肤病最有效。在滨州无棣，旧时端午节这天人们将墨水注入癞蛤蟆嘴里，并放太阳下晒干，据说能治中毒。在烟台长岛，端午太阳出来之前，人们上山用露水洗眼睛、脸、手等，称“拉露水”“摸露”。当地俗信，用露水洗手能让人心灵手巧且做活计时手心不出汗；而用露水洗眼睛能明目，一年之中不患眼疾，且心清目明不受骗；用露水洗脸，有美容的功效，且一年中也不生疮。

（六）中秋节

水调歌头

〔宋〕苏轼

丙辰中秋，欢饮达旦，大醉，作此篇。兼怀子由。

明月几时有？把酒问青天。不知天上宫阙，今夕是何年。我欲乘风归去，又恐琼楼玉宇，高处不胜寒。起舞弄清影，何似在人间。转朱阁，低绮户，照无眠。不应有恨，何事长向别时圆。人有悲欢离合，月有阴晴圆缺，此事古难全。但愿人长久，千里共婵娟。

（本词引自王景科等：《中国传统节日诗词鉴赏》，山东友谊出版社，1994 年，第 377 页）

农历八月十五是中秋节，在山东民间又称“八月十五”“八月节”“团圆节”。中秋节期间秋高气爽、月亮正圆，是一个以赏月吃月饼为主要内容、阖家团圆的节日。在淄博沂源、潍坊安丘，当地把中秋节作为仅次于春节的大节，所以尽管在农忙季节，人们还是会在节前带上月饼等礼品走亲访友，在外工作的人们也尽量回家过节。

1. 玩月拜月赏月

唐时，中秋节赏月玩月的风俗盛行一时。五代王仁裕《开元天宝遗事》中有八月十五日夜唐玄宗与杨贵妃到太液池望月的记载。但是，唐代的中秋节只是固定于八月十五日，有玩月赏月等民俗活动，并没有被纳入官方的节日体系。日本僧人圆仁在《入唐求法巡礼行记》中说："（八月）十五日，寺家设馎饨饼食等，作八月十五之节。斯节诸国未有，唯新罗独有此节。"（转引自熊飞：《中秋节起源的文化思考》，《文史知识》1996 年第 11 期）可见，唐朝政府未把中秋节作为法定节日，中秋节尚在形成初期，其规模及受重视程度方面还无法与元日、元宵、寒食、端午等节相比。

到宋代，中秋节有了进一步的发展。宋代孟元老《东京梦华录》说，北宋都城开封的中秋夜，"贵家结饰台榭，民间争占酒楼玩月。丝篁鼎沸，近内庭居民，夜深遥闻笙竽之声，宛若云外。闾里儿童，连宵嬉戏。夜市骈阗，至于通晓"（〔宋〕孟元老撰，李士彪注：《东京梦华录》，山东友谊出版社，2000 年，第 80 ～ 81 页）。可见，宋代中秋节已深入民间。宋代也有拜月之俗。宋代金盈之《新编醉翁谈录》中记载了拜月风俗，"京师赏月之会，异于他郡。倾城人家子女，不以贫富，自能行至十二三，皆以成人之服服饰之，登楼或于中庭焚香拜月。各有所期：男则愿早步蟾宫，高攀仙桂。……女则澹伫竚状饰，则愿貌似常娥，员如皓月"（〔宋〕金盈之撰，周晓薇校点：《新编醉翁谈录》，辽宁教育出版社，1998 年，第 16 页）。

聊城月光纸马线稿（选自《图说山东民俗》，第 45 页）

明清之际玩月拜月赏月风俗普及。清代富察敦崇《燕京岁时记》载："京师之曰八月节者，即中秋也。每届中秋，府第朱门皆以月饼果品相馈赠。至十五月圆时，陈瓜果于庭以供月，并祀以毛豆、鸡冠花。是时也，皓魄当空，

果仙敬月圆（选自学位论文《中国传统节日的视觉符号整理研究》）

彩云初散，传杯洗盏，儿女喧哗，真所谓佳节也。惟供月时男子多不叩拜。故京师谚曰：‘男不拜月，女不祭灶。’”又载，“京师谓神像为神马儿，不敢斥言神也。月光马者，以纸为之，上绘太阴星君，如菩萨像，下绘月宫及捣药之玉兔，人立而执杵。藻彩精致，金碧辉煌，市肆间多卖之者。长者七八尺，短者二三尺，顶有二旗，作红绿色，或黄色，向月而供之。焚香行礼，祭毕与千张、元宝等一并焚之”（〔清〕富察敦崇：《燕京岁时记》，北京古籍出版社，1981 年，第 77 ～ 78 页）。由此可见，清代拜月，要在院中摆供，供品包括瓜果、毛豆、鸡冠花等，也要焚烧月光纸，而且当时的中秋节已成为女性节日。

在山东，中秋节亦有玩月拜月赏月之俗。《民国潍县志稿》载：“八月十五为中秋节，夜陈瓜果于庭以供月。”（《中国地方志集成・山东府县志辑 40》，凤凰出版社，2004 年，第 389 页）在潍坊安丘，中秋节晚上，在院里摆上供桌，上放月饼、瓜果等食品，供奉上天，并焚香烧纸、放鞭炮、磕头。在焚香烧纸时，嘴里念叨：“八月十五月正圆，西瓜、月饼敬老天。敬得老天心欢喜，一年四季保平安。”之后，全家聚在供桌旁饮酒赏月。在枣庄山亭，八月十五晚上，在香台上摆上供品，烧香、磕头、放鞭炮。供品因不同时期而不同，俗语说“西瓜月饼敬老天”。在烟台莱州，旧时祭月，并以月亮的明暗来卜占来年元宵节是晴朗还是下雪。

2. 中秋食俗——吃月饼

中秋节的应节食品是月饼。在唐代，日本僧人圆仁《入唐求法巡礼行记》记载中秋节“寺家设馎饨饼食等”，可见当时中秋节吃的是面食。到宋代，有关月饼的记载多了起来。苏轼《留别廉守》有“小饼如嚼月，中有酥与饴”的诗句。明代有了中秋节吃月饼的确切记载。明代沈榜《宛署杂记》中有这样的记载：“士庶家俱以是月造面饼相遗，大小不等，呼为月饼。市肆至以果为馅，巧名异状，有一饼值数百钱者。”（〔明〕沈榜：《宛署杂记》，北京古籍出版社，1980 年，第 192 页）由此可见，在明代，月饼以果为馅，品种多样，而且是人们互相馈赠的礼品。到清代，中秋节吃月饼非常普遍。清代乾隆年间的袁枚在《随园食单》中说，当时的酥皮月饼，“作酥为皮，中用松仁、核桃仁、瓜子仁为细末，微加冰糖和猪油作馅，食之不觉甚甜，而香松柔腻，迥异寻常”（〔清〕袁枚原著，关锡霖注释：《随园食单》，广东科技出版社，1983 年，第 146 页）。到了近代，月饼的种类更加繁多，而今月饼成为中秋节最具特色的应节食品。

赖皮月饼（选自《沂蒙民俗风情概览》，第 36 页）

在山东，中秋节普遍吃月饼。在潍坊安丘，中秋节晚上小孩儿们手托月饼上街圆月，边走边念叨“圆月来，圆月来，一斗麦子一个来”，“圆月饼，圆月饼，一年一个好光景！”饭后吃月饼，不吃月饼就不算过中秋节。在枣庄山亭，旧时月饼馅大都是枣泥的，也有少量红糖的，白糖的很少。

在山东，中秋节除了吃月饼外，还有其他节日食俗。在潍坊，旧时中秋节用面蒸月形食品称“月”。制作方法：两层面饼中间夹一圈枣，面饼的上层镂刻各种花果和动物之类的图案，在花心里、动物的眼睛或嘴里饰以红枣。这种“月”作为节日馈赠的礼物。小孩儿们将“月”放在矮凳上，在其上插一炷香，嘴里念念有词称作念月，念叨有“念月了，念月了，一斗麦子一个了”及“月明光光，小儿烧香；月明圆圆，小儿玩玩”。中秋节晚上的食物多以糖调藕梨，全家欢聚一团称“圆月”。清末民初潍坊人梁文灿的《蝶恋花·中秋》记录了这种风俗，“八月中秋分一半，枣饼层层，面镂千花瓣。枣上插香香不断，小儿对月声声念。亭亭火树蒿灯转，灯尽归来，忙底分神馔。雪藕冰梨堆满案，一家男女团圆宴”。

在淄博沂源，当地有中秋节吃羊肉的习俗。通常几户人家合伙宰杀一只羊，称随羊份子。各家先分上几斤羊肉，中午做羊肉水饺。其余肉、骨、下货等做“大锅

全羊”，各家连肉带汤按份分。中秋晚上，全家围坐在院中，吃全羊，喝庆丰收酒，品尝月饼、瓜果，赏月，聊天，一派团圆、祥和的佳节气氛。

在青岛即墨，中秋节吃“麦箭”。其做法：首先用白面摊煎饼，再加上肉馅或素馅，接着用秫秸卷成柱状，蒸熟，蘸调料吃。

3. 其他节俗

清代富察敦崇《燕京岁时记》载：“每届中秋，市人之巧者用黄土抟成蟾兔之像以出售，谓之兔儿爷。有衣冠而张盖者，有甲胄而带纛旗者，有骑虎者，有默坐者。大者三尺，小者尺余。其余匠艺工人无美不备，盖亦谑而不虐矣。”（〔清〕富察敦崇：《燕京岁时记》，北京古籍出版社，1981 年，第 79 页）可见，清代除拜月外，还要祭祀这种泥塑的兔儿爷，在济南称之为兔子王。旧时济南，中秋节拜月时要摆月饼、西瓜和兔子王。济南的兔子王有十几个品种，大小二十多个样式，分头王、二王、三王、四王四等，又分站式和骑虎式。其时馈赠亲友的礼品除了月饼和水果外，还有兔子王。

济南兔子王（选自《民间手工艺术·山东卷》，第 79 页）

在德州庆云，农家中秋节要祭祀土谷神，称“青苗社”。在济宁微山的湖区，中秋节以村或船帮为单位，祭祀湖神，俗称大王、湖大王、将军。在潍坊诸城、青岛即墨以及临沂一些地方，除了祭月外，还要上坟祭祖，而在威海文登认为中秋节是人节，一般都不祭祖。

在潍坊，旧时小孩子们用青蒿缀以香，点燃，擎弄翻舞，好像天上的星星，称蒿子灯。胶东地区还流行一首中秋节歌谣：“圆月了，圆月了，一亩地打一石了；月高了，月高了，一年一遭了。”人们用这首歌谣来表达庆祝丰收的心情和祈祷好运的愿望。

（七）小　年

献寿诗

〔宋〕孙纬

面脸丹如朱顶鹤，髭髯长似绿毛龟。
欲知相府生辰日，此是人间祭灶时。

（本诗引自〔清〕陈其元著，崔承运，金川选注：《庸闲斋笔记》，河北教育出版社，1996 年，第 186 页）

农历腊月二十三或二十四是辞灶日，山东民间俗称“过小年”，这天的主要活动是晚上祭灶。

1. 祭灶辞灶

中国祭灶的历史悠久。西汉戴圣所编的《礼记·月令》中记载了先秦时期天子于孟夏、仲夏、季夏、孟冬四次祭灶。江陵岳山秦简《日书》曰：“祀灶良日乙丑酉未己丑酉癸丑甲辰巳（子）辛壬。”（转引自李现红：《从祭灶时间的确立看灶神信仰文化的变迁》，《民俗研究》2012 年第 3 期）可见，先秦时期一年四季有很多次祭灶，日期并不像现在固定于在腊月二十三或腊月二十四。南朝宋范晔《后汉书》载：“宣帝时，阴子方者，至孝有仁恩，腊日晨炊而灶神见，子方再拜受庆。家有黄羊，因以祀之。自是已后，暴至巨富，田有七百余顷，舆马仆隶，比于邦君。子方常言‘我子孙必将强大’，至识三世而遂繁昌，故后常以腊日祀灶，而荐黄羊焉。”（〔宋〕范晔撰，〔唐〕李贤等注：《后汉书》，中华书局，1973 年，第 1133 页）从中可知，阴子方在腊日以黄狗（作者注：黄羊即黄狗）祭灶，因其孝

黄羊祭灶（选自论文《此是人间祭灶时》）

行受到灶神的福佑，也意味着西汉始有腊日祭灶。

西晋周处《风土记》云：“腊月二十四日夜，祀灶，谓灶神翌日上天，白一岁事，故先一日祀之也。”（转引自江玉祥：《此是人间祭灶时》，《文史杂志》2016 年第 1 期）当今小年夜祭灶应始于此。在宋代，民间腊月二十四祭灶已很普遍。宋代范成大《祭灶词》云：“古传腊月二十四，灶君朝天欲言事。云车风马少留连，家有杯盘丰典祀。猪首烂热双鱼鲜，豆砂甘松粉饵团。男儿酌献女儿避，酹酒烧钱灶君喜。婢子斗争君莫闻，猫犬触秽君莫嗔。送君醉饱登天门，杓长杓短勿复云，乞取利市归来分。”由此可见，宋代祭灶日期是在腊月二十四，而且是男性主持参与祭祀，有云车风马送灶神上天，供品也丰富，有猪头、鲜鱼、豆沙粉饵团、烧酒、钱财等，足见民间对祭灶的重视。可以说，宋代的祭灶与今天差别不是很大了。宋代也有以酒糟祀灶的，称醉司命，意思是让灶神醉醺醺地上天言事，不要将家中琐细如实禀告上天。孟元老在《东京梦华录》中就有这样的记载：“十二月……二十四日交年，都人至夜请僧道看经，备酒果送神，烧合家替代钱纸，贴灶马于灶上。以酒糟涂抹灶门，谓之‘醉司命’。”（〔宋〕孟元老撰，李士彪注：《东京梦华录》，山东友谊出版社，2000 年，第 106 页）到明代，供品中出现大量的甜食，意思是让灶神吃后嘴变甜，上天多说好话，少说坏话。明刘侗、于奕正《帝京景物略》这样描述，“二十四日以糖剂饼、黍糕、枣栗、胡桃、炒豆祀灶君，以糟草秣灶君马，谓灶君翌日朝天去，白家间一岁事”（转引自江玉祥：《此是人间祭灶时》，《文史杂志》2016 年第 1 期）。

送灶神（选自学位论文《春节文化符号的再设计研究》）

至清代，祭灶在内容与形式上已经很稳定

了。清代富察敦崇《燕京岁时记》载：“二十三日祭灶，古用黄羊，近闻内廷尚用之，民间不见用也。民间祭祀惟用南糖、关东糖、糖饼及清水草豆而已。糖者所以祀神也，清水草豆所以祀神马也。然毕之后，将神像揭下，与千张、元宝等一并焚之。至除夕接神时，再行供奉。是日鞭炮极多，俗谓之小年下。”（〔清〕富察敦崇：《燕京岁时记》，北京古籍出版社，1981 年，第 95 页）

山东民间一般称灶神为灶王、灶王爷、灶王爷爷、灶君等，通常在腊月二十三祭灶，也有腊月二十四祭灶的。旧时，枣庄滕州在腊月二十三祭灶。清末《宣统滕县续志稿》载：“以梁秸心为马，献灶糖于神前，若饯行然。”（《中国地方志集成·山东府县志辑 75》，凤凰出版社，2004 年，第 338 页）意思是说为灶神准备好马，献上灶糖，为灶神践行。德州地区也是腊月二十三祭灶，供品有饴瓜和年糕。齐河腊月二十三四准备好供品水果、黍糕及各种甜食，祭灶。德州庆云则在除夕那天祭祀祖先，同时迎接灶神下界。

在胶东地区，灶神像一般贴于正屋东面的锅灶墙上，两侧有对联“上天言好事，回宫降吉祥”，横批是“一家之主”。祭灶的供品有糖瓜、果品和一碗面汤。祭灶时，要焚香磕头，并将旧灶神像揭下来烧掉，烧时加点谷草和杂粮，意思是喂饱灶神的马，好送其上天。

烟台莱阳祭灶（选自《山东居家饮食民俗》，第 217 页）

在潍坊安丘，腊月二十三辞灶，人们称之为“过小年”“小过年”。当地也在平时祭灶，做好饭时，如包水饺，先供奉上一碗，有的家庭还在初一、十五焚香烧纸祭拜，祈求灶神保佑全家平安。祭灶时，摆上供品，有柿饼、花生、瓜子、点心等，还有用麦芽糖做的糖瓜，意思是黏住灶神的嘴，以免灶神上天乱说。另外还摆上纸和用箔折叠的元宝，再摆上用纸做的钱袋子、粮袋子，说是让灶神从天上回来时装钱、装粮用，这些连同旧灶神像一起烧掉。祭灶时要念叨：“今天是腊月二十三，灶王爷爷您上西天。少说闲言碎语，多捎粮食多捎钱。再待七天来家过年。”然后祭洒水酒，家庭的男性成员向灶神三叩首，最后分吃供品。

在淄博沂源，通常由家庭主妇祭灶。先把旧的灶神像请下来，放于纸做的莲花盆上，再将新请的灶王像暂时固定于原先位置，摆上供品，有柿饼、软枣、糖瓜。

烧旧灶神像并祭拜（选自《图说山东民俗》，第 49 页）

贴上新灶神像（选自《图说山东民俗》，第 49 页）

用糖瓜作供品，说是让灶君吃糖后嘴甜，多说好事。祭灶时，女主人念叨：“灶王老爷一年辛苦了。您吃上供果，要上天言好事，下界保平安。少说闲话，多进美言……”然后将旧灶神像连同莲花盆一同烧掉，女主人磕三个头，再用糨糊将新灶神像贴好，称为“灶王老爷换新衣裳”。最后于灶神像的上方，贴上几张彩色门笺。有的灶神像带有农历月份表，用以指导农业生产。当地俗语说“请了灶君像，年就全了”。

在枣庄山亭，腊月二十四晚上祭灶。祭灶时，要扎小纸马，说是让灶神骑着上天，再摆上供品，然后焚香，烧纸箔、纸马，磕头祭拜。当地还流传有关灶神的传说。民间传说，灶王爷原名张万昌，非常富有。妻子叫郭丁香，身带一亩二分银子的福气，是有福之人。后来张万昌休了郭丁香，娶了王海棠。自休了郭丁香后，张万昌越来越穷，王海棠也离他而去，最后以乞讨为生。郭丁香被休后，再婚，丈夫勤劳忠厚，日子越过越好。有一天张万昌要饭要到郭丁香门上，张口喊：“大娘，给点饭吃！”郭丁香听声音很熟悉，一看原来这个乞丐是前夫郭万昌。郭丁香又气愤又可怜道：“张万昌，张万昌！休了前妻没饭吃。”张万昌万分羞愧，一头扎进锅底，一撞而死。上天念张万昌知错能改，就封他为灶王。

在菏泽东明，人们认为灶神是玉皇大帝派往各家的“耳报神”，监督着家庭成员，然后在腊月二十三日上天向玉皇汇报。当地将灶王视为一家之主，有饭先吃，有事先知，供奉于厨房靠近锅台的上方。家庭有不测之事，就烧香祭拜，祈求保佑。如有公婆虐待儿媳妇，或恶媳妇咒骂公婆的，都会说：“老灶王看着咧！”灶王像两侧通常有对联“上天言好事，下界保平安”或“二十三日去，初一五更来”。腊月二十三日午饭后，家家户户忙着扎“祭灶马”，即用红纸绿纸为灶神剪衣服

聊城老人用秫秸扎马及扎成的上骑小人的马（选自《图说山东民俗》，第49页）

和马的鞍鞯，并且要将摊煎饼的鏊子翻过来，腿朝上，再拌些草料把灶神的马喂上。祭灶的主要供品是芝麻糖，也称关东糖，以黍米和白芝麻做成。给灶神吃芝麻糖意思是将灶神的嘴巴黏上，让其上天只讲好事、少说坏话。供品除了芝麻糖外，各家也不一样，视家庭经济情况而定。据说，过去有个穷光棍汉，在祭灶时，摆上一碗凉水，又放上一棵葱，对灶神说："一碗凉水一棵葱，打发你老上天宫。你老请给他老讲，就说我老太不行！"当地还有男不拜月、女不祭灶的说法。祭灶时，摆上供品，焚香，先将灶神像请下来，放到鏊子里和"祭灶马"一起烧掉；再烧纸，放鞭炮，磕头祭拜；等纸烧完后，香燃过半，再分吃祭灶糖。

2. 其他节俗

祭灶前后家家户户还要进行大扫除，干干净净过春节。这种习俗由来已久，宋代吴自牧在《梦粱录》中记述道："士庶家不论大小家，俱洒扫门闾，去尘秽，净庭户……祭祀祖宗。"（〔宋〕吴自牧：《梦粱录》，中国商业出版社，1982年，第45～46页）在淄博沂源，小年前一天进行大扫除，重点打扫厨房，要打扫得干干净净。年三十也要进行大扫除。

山东一些地方将小年视为团圆节。在淄博沂源，这天要吃一顿水饺，当地称小包子，出门在外的人都在小年这天赶回家吃团圆包子。在菏泽东明，当地俗语说“圆月祭灶，家人齐到”，“听说祭灶，快回家跑”，出了嫁的闺女要回婆家过小年才行。

菏泽东明还有一种风俗。当地俗信有些独生子女娇生惯养养活不大，就在祭灶这天晚上，由妈妈或奶奶抱着，去孩子多的人家去祭灶，这样就有兄弟姐妹了。据说要连续四年，俗语说“三年满，四年圆”。

在山东，辞灶后就开始忙年了。淄博沂源有俗语说“忙年忙年，不忙不是过年”。胶东地区有首关于忙年的顺口溜：“二十三，辞灶天；二十四，拉大字；二十五，做豆腐；二十六，割年肉；二十七，宰公鸡；二十八，把面发；二十九，全都有；三十下黑儿满街走。”

（八）除　夕

除　夜

〔唐〕王諲

今岁今宵尽，明年明日催。
寒随一夜去，春逐五更来。
气色空中改，容颜暗里回。
风光人不觉，已著后园梅。

（本诗引自〔清〕彭定求等：《全唐诗·第二卷》，中州古籍出版社，2008年，第679页）

农历十二月三十（小建为二十九）也称腊月三十，是一年的最后一天，称除日，俗称年三十。除日晚上称除夕、大年夜。除旧迎新是这天的主要内容，有很多民俗活动：贴春联、门笺、年画、窗花，守岁，以及祭神祀祖。

1. 贴春联、门笺、年画、窗花

最早的春联可以追溯到五代末宋初孟昶所题的桃符“新年纳余庆，嘉节号长春”。宋代黄休复《茅亭客话》载：“每岁除日，诸宫门各给桃符一对，题‘元亨利贞’四字。”北宋《岁时杂记》说，桃符上“或写春词或书祝祷之语，岁旦则更之。”（转引自常建华：《岁时节日里的中国》，中华书局，2006年，第243页）清代富察敦崇《燕京岁时记·春联》载：“春联者，即桃符也。自入腊以后，即有文人墨客，在市肆檐下，书写春联，以图润笔。祭灶之后，则渐次粘挂，千门万户，焕然一新。”（〔清〕富察敦崇：《燕京岁时记》，北京古籍出版社，1981年，第95页）至今，每逢春节贴春联的习俗依然盛行。山东民间贴春联一般贴在门板上，

潍坊寿光东岔河村·春节贴春联、门笺（叶涛 摄）

门楣中间贴横批，两边各贴“福”字，有时将“福”字贴倒，意味“福到了”，正冲大门口的墙上也贴上“出门见喜”。有丧事的家庭，一般三年不贴春联，代之以白纸贴门板上。在潍坊安丘，新中国成立前欠债之家一般在除日前一天贴春联，因为当地习俗贴上春联后，债主就不能上门讨债了。山东有些地方也讲究贴春联要按从外到内的顺序。

春节也在门楣上贴门笺。门笺由中国古代的纸幡演变而来，主要流行于我国北方。在山东，除日贴门笺的历史久远。明代万历《莱阳县初志》记载，春节时，用剪纸贴花灯，并且门楣上也挂彩纸。清代《顺治招远县志》载：“除日……又制金银纸如钱状贴门上楣，谓之‘过门钱’。其五色纸为之者亦如钱。”（《中国地方志集成·山东府县志辑 47》，凤凰出版社，2004 年，第 360 页）山东各地对门笺的称呼不一，临沂苍山、郯城称门吊、花纸，威海荣成称门挂，临沂平邑、泰安新泰称纸挂，淄博沂源称罗门笺，德州一带称吊钱，潍坊地区称活门钱。门笺的称呼始自于 20 世纪 50 年代。由于门笺贴于室外，受日晒风吹雨打，所以门笺多刻制得线条粗犷、疏密有致，又道道相连。

山东过年也贴年画。清代李光庭《乡言解颐》中记载：“扫舍之后，便贴年画，稚子之戏耳。然如《孝顺图》《庄稼忙》，令小儿看之，为之解说，未尝非养正之一端也。”（〔清〕李光庭：《乡言解颐》，中华书局，1982 年，第 66 页）可见，年画也有教化的功能。清代富察敦崇《燕京岁时记》载：“每至腊月，繁盛之区，支搭席棚，售卖画片。妇女儿童争购之。亦所以点缀年华也。”（〔清〕富察敦崇：《燕京岁时记》，北京古籍出版社，1981 年，第 96 页）山东著名的年画产地潍坊杨家埠在清代咸丰、光绪年间非常繁荣，有画店十几家、作坊百余家，画种千余，其时“家家雕木版，户户绘丹青”，可见当时的市场需求多么强大。年画有与信仰有关的年画，也有与审美娱乐相关的装饰画。信仰年画如门神像、灶神像等，装饰年画如墙画、炕围画等。

烟台福山腊月集窗花摊（选自《山东剪纸民俗》，彩插）

山东过年也在窗户上贴窗花。明朝吴之鲸《武林梵志》记载，五代十国吴越钱镠时期，人们已经在窗户上贴窗花了。可见，贴窗花的传承之久。窗花是贴在窗户上的剪纸。俗话说："二四扫房屋，二七、二八贴花花。"旧时山东农村窗户是纸糊的，每到春节要糊新白纸，然后贴上大红纸剪的窗花，烘托了春节喜庆、热闹的气氛。窗花的题材很广泛，包括表现现实生活的花鸟鱼虫、山水风景、戏剧人物、历史传说及吉祥图案等。春节的窗花常以四季平安、吉祥喜庆、连年有余、富贵吉祥等题材为主，不仅装饰了居室，还有增福纳祥、辟邪镇灾的意义，以祈愿家庭生活幸福、万事如意。

2. 守　岁

守岁，即除夕人们通宵不寐，打麻将、聊天、放爆竹、吃年夜饭等，至天明。守岁习俗始于南北朝，在宋代已经很普遍。宋代吴自牧《梦粱录》载："人们围炉围坐，酌酒唱歌……谓之'守岁'。"宋代孟元老《东京梦华录》亦载："是夜，禁中爆竹山呼，声闻于外。士庶之家，围炉团坐，达旦不寐，谓之'守岁'。"（〔宋〕孟元老撰，李士彪注：《东京梦华录》，山东友谊出版社，2000 年，第 108 页）明代张翰《松窗梦语》载："围炉团坐，达旦不寝，谓之守岁。此皆故宋之遗风，亦岁终之一乐也。"（〔明〕张瀚著，盛冬铃点校：《松窗梦语》，中华书局，1985 年，第 138 页）

在山东亦有除夕守岁的习俗，淄博、莱芜等地称"熬年夜""熬五更"。除夕晚上，全家饮酒畅谈，一夜不眠。旧时守岁一般都是通宵达旦，新中国成立之后一般都是象征性的。在枣庄山亭，旧时除夕晚上一家人围坐在火盆周围，吃花生、糖果。俗信火盆里烧的那截木头要烧完，不然来年会欠债。胶东地区守岁吃一种用饽饽磕子做的鱼形馒头（称面鱼），一般吃"鱼头"或"鱼尾"，意味头尾

除夕守岁（选自论文《春节考述》）

面鱼（照片最右侧）（选自学位论文《招远地区面花民俗造型研究》）

有余。青岛即墨要吃鱼和豆腐，称“福有余”。20 世纪 80 年代以来，看中央电视台春节联欢晚会成为守岁的重要内容。

3. 祭神祀祖

济南章丘三德范·院内的天地桌（曲洪祎 摄）

在山东，除夕要举行祭祀仪式，敬奉天地诸神及祖先。在济南章丘，旧时院内都有一石桌，春节时放上天地诸神的牌位及供品，以祭神。淄博淄川正月初一要“敬天爷爷”。

在山东，除日祭祀祖先之历史悠久。明代嘉靖《淄川县志》载：“正月朔日，祀神祀先。”在威海文登，除夕傍晚，家庭的男性要到祖坟上请祖先回家过年。祭祀的供品非常丰富。

在烟台莱州，年三十上午将家堂（当地称“影”）拿出来，先在正房堂屋的北墙上悬挂蒲子编的帘子，寓意连年有子，再挂上家堂，称“请影”。接着在八仙桌上摆上供品，主要是五碗菜——丸子、海带、豆腐、肉、鱼，谐音“万代福有余”，其他的供品各家并不一样。除日中午，供品准备好后，烧三根香，称三炉香。男性家长一边磕头一边念叨“老爹老妈回来过年吧”。

聊城在堂屋外墙上贴天地神马“大全神”（选自《图说山东民俗》，第 52 页）

在潍坊安丘，年三十下午就在堂屋八仙桌后的墙上钉上红席子，然后挂上家堂画，当地称家堂轴子。傍晚各家庭的男性家长到十字路口或村头或祖坟，焚香、烧纸、放鞭炮，迎接祖先回家过年，称请家堂。到自家门口，再烧纸、磕头祭祀门神。男性家长一边烧纸一边念叨“老爷爷、老奶奶、爷爷、奶奶……来家过年”。请来之后，洗手摆供。摆供之后，

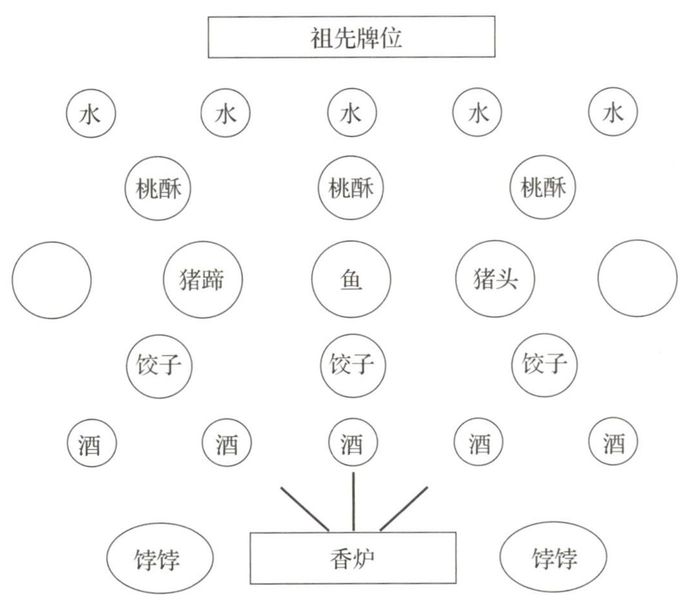

威海文登除夕祭祖供品排列示意图（选自论文《当代胶东农村的宗族习俗考察》）

祭祀祖先（选自学位论文《聂家庄泥塑工艺调查与研究》）

就不能随便走动了，怕影响祖先。男性在家长的带领下去祠堂和本家族其他各房给祖先磕头祭拜。去人家祭拜，进入院里后要保持安静，到家堂前，烧纸，磕三个头，拜完不打招呼就可以离开了，但一般都会进屋里闲谈一番。

在淄博淄川，年三十下午要祭祀祖先，当地称"请家前"。家庭男性带上供品去祖坟进行祭拜。摆上供品后，让年轻男性在坟头压坟头纸，然后焚香，待香燃尽时洒酒、烧纸、磕头、放鞭炮，再分吃供品，特别是小孩儿要多吃，称"分享"，以期得到祖先的庇佑。

在烟台长岛，人们在除夕傍晚拿着锣去祖坟，一路敲锣，呼喊祖先回家过年。

祭神祀祖不只在除日进行，而是贯穿于整个年节系列活动的始终。例如，春节这天也要祭神祀祖。清代《光绪宁津县志》载："元旦，祭神祀先……设香烛酒果，供献于天地前，五更，家长率合家，祈答上帝致祭。平旦，供祀神祇。"（《中国地方志集成·山东府县志辑 20》，凤凰出版社，2004 年，第 69 页）清代《道光济南府志》载："元日，昧爽，设香烛牲醴，祀神祇祖先。"（《中国地方志集成·山东府县志辑 1》，凤凰出版社，2004 年，第 282 页）

五、手艺

——山东民间工艺

工艺者，百工之艺也。民间工艺是民间百姓的创造，具有实用的功能，兼具审美和娱乐性，与民众的生产方式、生活方式息息相关。民间工艺来自乡土，是普通民众的生活写照，其通过夸张的手法和细腻的艺术形式，表达了民众的价值观念及对美好生活的向往。民间工艺是活态文化，本真地展现了普通民众的生活面貌，体现了民众的造物智慧，是民族文化的生动表征，是文化乡愁的载体。自古以来，山东的手工业就具较高水平，民间工艺形式特别丰富。可以说，山东博大精深的地域文化孕育了多姿多彩的山东民间工艺。

（一）胶东花饽饽

我国面食的历史久远。早在春秋战国时期，小麦已是主要的粮食品种，而且受到重视。《汉书·食货志》载："《春秋》它谷不收，至于麦禾不成则书之，以此见圣人于五谷最重麦与禾也。"（刘莹、陈鼎如译，陈逸光校：《历代食货志今译》，江西人民出版社，1984 年，第 112 页）

山东乡情展馆·胶东花饽饽（郭晓宁、史天思　摄）

夏商周时期，我国已有加工面粉的工具，如石磨棒、石磨盘及杵臼，但效率较低；春秋战国时期，出现了石转磨；到西汉时，石转磨已普遍使用。中山靖王刘胜墓曾出土一台完整的石转磨。石转磨的出现促进了小麦从粒食向面食的转变，这是我国饮食史上的一次革命。

面团的发酵技术至迟在西汉末发展起来，在东汉时期已经成熟。北魏贾思勰《齐民要术》引崔浩的《食经》记载了当时的发酵技术，"酸浆一斗，煎取七升：用粳米一升著浆，迟下火，如作粥。六月时，溲一石面，著二升；冬时，著四升作"（〔北魏〕贾思勰撰，李立雄，蔡梦麒点校：《齐民要术》，团结出版社，第 365 页）。魏晋南北朝时期面食的品种更加丰富。北魏贾思勰《齐民要术》记载了二十余种饼，如白饼、烧饼、髓饼、鸡鸭子饼、细环饼、截饼、粉饼等。唐时，面塑作为祭品出现。唐代封演《封氏闻见录》载：“玄宗朝，海内殷赡，送葬者或当衢设祭，张施帷幕，有假花、假果、粉人、面粻之属。”之后面塑艺术发展起来。宋代孙光宪《北梦琐言》中记载了唐朝时期的面塑：“以面及蒟蒻之类染作颜色，用象豚肩、羊臑、脍炙之属。皆逼真也。”（〔宋〕孙光宪：《北梦琐言》，中华书局，1960 年，第 19 页）新疆吐鲁番阿斯塔那唐代永徽四年（653）墓曾出土面猪、面制女佣和男佣上半身，是迄今为止在考古发掘中出土最早的面塑实物。

胶东妇女做面塑（选自《工艺》，彩插）

胶东花饽饽是山东民间面塑的一种，采用了民间传统文化的表现形式，是胶东地区民俗文化艺术的表达，体现了胶东地区民众对美好幸福生活的向往及热爱。2009 年胶东花饽饽习俗被列入山东省第二批非物质文化遗产名录。

胶东花饽饽的制作材料主要是面粉，还有红枣、豆子、花椒粒等，用捏、捻、搓、揉、压、挤、粘、切、印、剪等手法造型，再施以彩绘。其制作程序主要有选面、和面、发面、揉面、捏塑、蒸制、上色、晾干。

旧时，在制作花饽饽前几天就要挑选好颗粒饱满的小麦。首先将小麦倒入水中，沉淀杂质，并捞出漂浮在水面的麦粒，然后将小麦平铺于席子上，晾晒干。这样不仅有利于小麦皮壳与籽粒分离，而且磨出的面粉质量更好。晒好的小麦用石磨粉碎成面粉。第一次用细箩筛出的面粉称“头茬面”“头道面”，将箩上的粗茬再磨一遍，再用细箩筛出

山东乡情展馆·细箩（郭晓宁、史天思　摄）

的面称“二茬面”“二道面”。做花饽饽一般使用头三茬的面粉，这样的面粉白且细腻，揉出的面团有筋而白亮，蒸制出的花饽饽外形饱满、表面亮而光滑。现在大都购买精制面粉来制作。

制作胶东花饽饽，首先是和面、发面。这是制作花饽饽的基础，是保证花饽饽外形饱满且白亮的关键。将面粉倒入和面的大盆中，再放入酵母。过去，酵母一般都是上次做馒头时留下来的“引子”，就是从醒好的面团上揪下一块小面团，保留着，做饽饽时再和到面粉里。现在一般都买成品的酵母粉，使用起来非常方便。

用酵母粉的话，需准备一个小盆或小碗，将酵母粉倒入，以温水溶解。然后将酵母水均匀洒入盆里的面粉中，边和面边加水，反复揉捏，使面团软硬程度合适。和面既要用力又要有技术，主要是掌握好面粉与水的比例、水温、面团的软硬等，这些都直接影响之后的捏塑和蒸制后的造型。和好面后，要求盆光、手光、面光。和完面后开始发面，即将面盆盖上篦子、笼布，盖严实，让面团与空气隔绝，置于适温的环境中。旧时，特别是在冬天，都放在火炕上，再盖上一床褥子，适宜的高温能加快面团发酵。有经验的家庭主妇能熟练掌握发面时间，夏天温度高则发酵的时间短些，冬天天冷则发酵时间长些。

其次是揉面。用酵母粉发的面会有一定酸度，所以面发好后要根据面发的程度加入适量的碱。先用擀面杖把成块的碱碾压成粉末，均匀地撒在面板上，通过揉面将碱慢慢揉入面团中，这样碱才能分布均匀。一边揉面一边加入干面粉，直到面团

制作胶东花饽饽的工具（选自学位论文《招远地区面花民俗造型研究》）

软硬合适。面团揉好后，根据所做的花饽饽类型，把大面团揪成一块块小面团。小面团要继续反复揉压，并随时添加干面粉，直到揉出的面团光滑饱满充满弹性。

再次是捏塑，即面团的塑形。花饽饽塑形受制作者个人风格及不同地域程式化的造型影响而有差异。通常简单的造型一次成型，复杂的造型多分几个部分分别捏制，然后镶嵌在一起。捏塑的过程中需要用到很多工具，有些就是日常所用的器物，主要有剪子、菜刀、镊子、梳子、擀面杖和饽饽磕子等。

接着是醒面、蒸制。花饽饽塑好后，摆放在篦子上醒面。摆放时一定要留有间隙，以免醒面的过程中因膨胀而粘连。通常大的花饽饽醒半时左右，小的时间略短些，一般醒到外形稍饱满就可以了。放入蒸锅蒸时，摆放得不要太密，因蒸制时花饽饽会膨胀。先倒入凉水，大火烧，直至冒出大量的水蒸气。然后换用中火，要求火候均匀。蒸制的时间一般以三四十分钟为宜。

然后是给花饽饽上色。花饽饽蒸熟出笼后，晾晒干便可以上色了。色彩效果因制作人审美、个性、理解的不同而各异。一般先上底色，稍干后再上第二层，第二层上色后晾干，再描出轮廓、线条等，最后点染装饰。在烟台龙口，流行一些上色的口诀，“红红绿绿，大吉大利”，“光有大红大绿不好，黄能托色少不了”。

最后是晾晒。不能将花饽饽放到阳光下暴晒，否则表面容易开裂，要放到室内在自然状态下晾干。经过晾晒后的花饽饽易保存，不霉变。

胶东花饽饽一般可分为岁时节日面塑和礼仪面塑。

1. 岁时节日面塑

胶东过去有句俗话说“二十八，把面发”，就是农历腊月二十八开始发面做饽饽。最具特色的有大枣饽饽、圣虫，以及各种压窗台、灶台、粮食的小面花。在烟台招远，有一首过年蒸饽饽的歌谣：“过了小年过大年，蒸锅饽饽供祖先。饽饽蒸得白又白，明年是个丰收年。饽饽蒸得高巅巅，明年过得甜上甜。饽饽蒸得开口笑，全家幸福又平安。”

在胶东地区，春节要做大枣饽饽。在制作大枣饽饽时，要在圆形的饽饽顶上挑出鼻，嵌入红枣。有时蒸出的饽饽裂了，叫饽饽“笑了”。大枣饽饽除了食用之外，

制作枣饽饽的过程（选自学位论文《招远地区面花民俗造型研究》）

用来供祖先、财神、菩萨、天地众神等，通常将五个枣饽饽（下面三个，上面两个）摞在一起，放在供桌上。

另有一种花饽饽称圣虫。在胶东地区，通常将“圣虫”做成刺猬或蛇的形状，口含硬币或红枣，大的供灶神和财神，小的放在面缸、米缸、衣橱和钱柜里，以祈求财源滚滚、使用不尽。在烟台招远，当地俗语说：“长虫（蛇）长，圣虫短。”

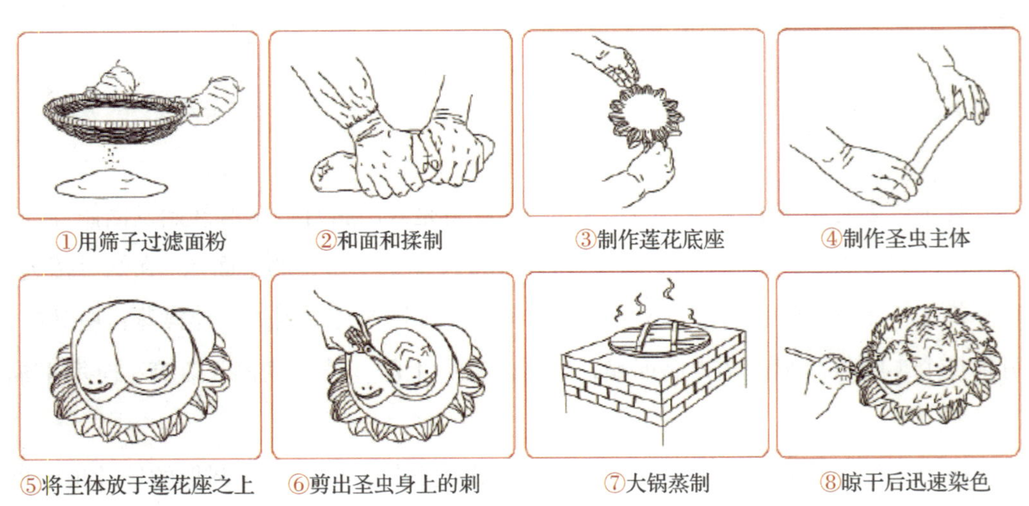

圣虫制作过程（选自论文《朴素而天下莫能与之争——记胶东王哥庄面花艺术》）

圣虫的“圣”有读“神”的，意思是供养神虫，福佑家人；也有读“生”的，即“生粮”，意为五谷满仓；也有读“剩”的，即“剩余”，是希望家有余粮、生活富足。

压粮食的花饽饽（选自学位论文《招远地区面花民俗造型研究》）

除了大枣饽饽和圣虫外，过年时还做一些压窗台、灶台的花饽饽。在烟台福山、牟平等地将猪头饽饽放在锅台上，寓意生活富足；将葫芦饽饽放在窗台上，寓意全家安康，人畜两旺。

元宵节时，胶东地区很多人家要做面灯。俗语说：“清明燕，端午蛋，正月十五捏豆面。”面灯的做法很简单，先捏个窝，周围做花边，捻棉线作灯芯，倒入豆油或花生油，然后点燃。胶东地区常做属相灯，元宵节晚上点燃，看谁的属相灯亮、旺、时间长，谁就能长命百岁。

在胶东地区，农历三月三是“小媳妇节”。一般节前新媳妇要回娘家，三月三返回时捎回面塑的燕子，作为礼物送人，意为燕子归巢，在夫家生儿育女、家庭安康幸福。宋代孟元老《东京梦华录》载，寒食节人们“用面造枣锢飞燕，柳条串之，

三月三花饽饽（曲丽荣作品，本书中曲丽荣的作品图片均由山东建筑大学宣传部提供）

巧饽饽磕子（选自学位论文《烟台面塑艺术调查与研究》）

插于门楣，谓之‘子推燕’”（〔宋〕孟元老撰，李士彪注：《东京梦华录》，山东友谊出版社，2000 年，第 67 页）。可见，其俗传承之久。胶东地区有歌谣唱道：“三月三，燕三千。不送三月三，死了丈夫塌了天。”蓬莱有句歌谣：“三月三，大燕小燕整一千。”

用线串起来的巧饽饽（曲洪祎　摄）

农历七月七是七夕。胶东地区，在这天要做“巧饽饽”“巧果子”。首先，将面粉里加入鸡蛋、糖、油等，和好；其次，将揉好的面团搓成长条，揪一块放到模子里，压紧实，然后将模子朝下，轻轻磕几下，巧饽饽制作完成；最后烙或烤熟。巧饽饽有大的也有小的，有的上面也点上色彩。有一种小的巧饽饽，上有各种图案，植物的如石榴、桃、树叶、花朵等，动物的如羊、鸡、鱼、燕子等，做好后用线串起来，尾端串小苹果或系彩布条，挂起来既可以食用又能装饰，串成一环也能挂在小孩儿的脖子上，边玩边吃，小孩儿最喜欢。

2. 礼仪面塑

在婴儿出生时，胶东人家要蒸制花饽饽，各地讲究不一。婴儿出生一个月，要回姥姥家，通常做“长岁”花饽饽，枣核形，中间粗，两头细，意为长命百岁。烟台莱州是出生后第 12 天回姥姥家。在烟台招远，俗语说“抱着长岁走，一辈子长命百岁”。从姥姥家返回时，又要带回各种花饽饽。若是男孩，捎回一对面老虎，寓意外孙像小老虎一样有活力；若是女孩，捎回一对面燕子，寓意外孙女像小燕子一样乖巧。在烟台莱州，若是男孩儿，还捎回柿子和钟，谐音“试”和“中”，意为科举高中。婴儿百日时，要过“百岁”。姥姥家通常送来一百个小花饽饽，意为长命百岁。在烟台莱州，将小花饽饽盛放在柳条斗里，红布封口，到中午时，大人爬上院墙扬饽饽，妇女小孩儿一边嬉闹一边抢，亲友一起庆贺。

在结婚时，也要做各种花饽饽，造型更加复杂，色彩更加鲜艳。主要做龙凤呈祥、鸳鸯戏水、富贵有余等，有的在花饽饽上插喜鹊闹梅、比翼双燕等。在烟台招远，

百岁花饽饽（曲丽荣作品）

结婚花饽饽（曲丽荣作品）

祝寿面花“九个寿桃一只手”（选自《山东民俗文化与民间艺术》，第73页）

讲究六大件：一铜盆花饽饽，意为日子红火，蒸蒸日上；一对龙凤，意为龙凤呈祥；一对鱼，意为年年有余；一对长岁，意为长命百岁；一对鸳鸯，意为比翼双飞；一对猪，意为肥猪拱门，生活富足。在烟台莱州，还做各种小动物的花饽饽，放于衣橱、被褥、嫁妆里，晚上人们“闹洞房”时，让小孩儿寻找，以图吉利。

老年人过寿时，也做寿桃、佛手花饽饽。烟台龙口、蓬莱有谚语：“九个寿桃一只手，老人活到九十九。”

已故老人的陪葬花山（选自《山东民俗文化与民间艺术》，第12页）

在丧葬仪式中，也要供花饽饽。在烟台招远，一般供光头饽饽，其与平时吃的饽饽一样；在三周年祭祀时，要供奉枣饽饽。

在建房上梁时，也供花饽饽。在烟台莱州供奉虎、圣虫、龙凤、狮子、肥猪拱门等。在烟台龙口，将狮子、虎置于正屋门两侧，意为狮虎把门；将龙置于屋顶四角，意为金龙绕梁。上梁过程中还要用柳条斗盛小花饽饽以及糖、花生、枣等，向下扬撒。在烟台莱州，有歌谣这样唱道：“当家的接饽饽，孙子孙女一拖落。饽饽先打东北角，打得粮食没场着。当家的来接糖，一年更比一年强。”在烟台莱阳，有这样一首上梁歌：“三月青，四月黄，五月小麦上了场；碌碡大，木锨扬，扬得小麦堆满场。孬的留着自己吃，拣着好的送磨坊。千转万遭细过箩，筛得面粉白如霜。要问留着干什么？留给木匠瓦匠来上梁。做了两个大圣虫，放在斗的正中央。扬饽饽，把饽饽扬；邻帮相助来盖房。先敬天，下好雨；再敬地，打好粮，东南西北敬神灵。小孩若把饽饽抢，吃上一口都好养；老人若把饽饽抢，吃了饽饽寿增长。”

莱州飘梁小面塑（选自《山东居家饮食民俗》，第 200 页）

胶东地处沿海，一些渔民也用花饽饽祭祀海神。在青岛即墨，已有五百多年历史的“田横祭海节”是我国北方规模最大的祭海活动。祭海的面塑通常都很大，大饽饽、大圣虫能有三四斤重，供桌上也摆人首鱼身、海蟹、海虾等造型的花饽饽。

青岛即墨田横镇周戈庄祭海面塑大圣虫（选自《山东民俗文化与民间艺术》，第 74 页）

在烟台莱州三山岛，正月十三祭祀海神，主要供奉龙王和海神娘娘。通常供桌中间放面塑的大鱼，两边放大枣饽饽，五个一摞三下二上，再在周边放面猪、面羊等，焚香、烧纸、祭拜，直到正月十六才送神。其中龙面塑是最大的，渔民们都希望通过祭祀掌管大海的海龙王，以求来年出海平安、鱼虾满仓。

（二）高密扑灰年画

高密扑灰年画是中国民间独有的画种，被誉为“中国一绝”。扑灰年画大约产生于明朝成化年间，距今已有五百多年的历史，据说是由高密公婆庙村的王姓人家创造的。最初，他们为了生计，临摹文人画和庙宇壁画到集市上销售，但是手工画效率较低，而民间对年画的需求量大，特别是春节期间更大。因此他们在文人画和庙宇壁画的基础上进行借鉴和创新，由手绘起稿创造了扑灰起稿的方法，于是就产生了最早的扑灰年画。

山东乡情展馆·高密扑灰年画（郭晓宁、史天思 摄）

初期的扑灰年画以神像、墨屏花卉为主。清代乾隆到咸丰年间是扑灰年画的发展成熟期。乾隆年间，画匠们开始办作坊收徒弟，使得扑灰年画完全面向市场需求。这一时期，扑灰年画的题材转向了反映现实生活的人物画，表达了老百姓的审美情趣和生活愿望，将老百姓喜闻乐见的人物、故事融入了年画中，丰富了扑灰年画的题材，也形成了“北有潍县杨家埠木版年画，南有高密扑灰年画”的生产格局。在清代嘉庆年间，高密扑灰年画受天津杨柳青年画的影响，出现了半印半画的绘制方法，提高了效率，品种也更加丰富。

清朝道光年间，扑灰年画进入了鼎盛时期，发展出两个流派。一派继承了传统画法，以画花卉、墨屏为主，画风素雅、庄重、清淡，笔墨飘逸，浑然成趣，称“老抹画”。当时流行关于此派的顺口溜：“墨屏墨屏，案头清供。婆娘不喜，老头奉承。货卖识主，各有前程。”另一派借鉴

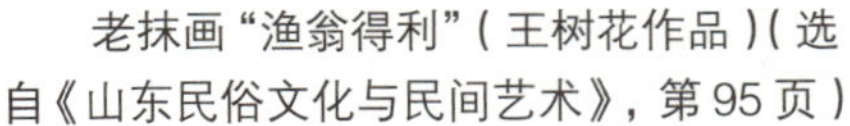

老抹画“渔翁得利”（王树花作品）（选自《山东民俗文化与民间艺术》，第 95 页）

“红货”（王锡山作品）（选自《山东民俗文化与民间艺术》，第 94 页）

了杨柳青年画和杨家埠年画对色彩的运用，色彩鲜艳、亮丽，以色代墨，形成强烈对比，称“红货”。“红货”很受老百姓的喜爱，在扑灰年画的发展中占主要地位。当时流传这样的顺口溜：“红绿大抹笔，市上好销货，庄户墙上挂，喜祥又红火。”清朝光绪年间，扑灰年画开始步入发展的低谷，在题材内容和艺术特点上因循守旧，缺乏活力和创新。民国时期受印刷画的冲击，扑灰年画进一步走向衰落。

近几十年以来，政府有关部门采取了很多措施拯救、保护扑灰年画及其技艺。2006 年，高密扑灰年画被列入第一批国家级非物质文化遗产名录，高密扑灰艺人吕臻立成为国家级代表性传承人，使得扑灰年画得以传承并发扬光大。

扑灰年画的名称得自其独特的作画工艺。扑灰年画就是通过扑灰之法绘制的年画，民间俗称“抹画子”。这种作画方法在印刷术还不是很发达的时代，提高了生产效率，适应批量生产的需要，是我国民间年画由手绘向印刷转变的重要标志。

绘制扑灰年画的第一道工序是“扑抹”。作画时，先折些柳树枝，烧制成炭，研磨成粉末，加入米汤或水；再用笔蘸着在纸上起稿，勾勒出轮廓，描绘出底稿；

用炭条起稿（叶涛　摄）

扑抹（叶涛　摄）

然后再用画纸在上面扑抹，这就是扑灰年画名称的由来。也可以直接用柳炭条起稿。通常一张底稿可以扑抹数张画稿，从而缩短了起稿时间，提高了效率，而且柳炭条也具经济性。为了增加数量，还可在扑好的画稿上再用柳炭条描一遍，重扑，这不仅能增加数量，而且可以使同一画稿成对，成对的扑灰年画就是这样制成的。

第二道工序是手绘。扑抹是作画的基础，而手绘则是关键。有顺口溜说道："刷刷刷，一溜栽花；大涮狂涂，描子勾拉；细心粉脸，眉眼巧画；待要好看，咸菜磕花。若得此妙，二年发家。""刷刷刷，一溜栽花"指的是作画的速度快和人们喜欢的题材"花"。"大涮狂涂，描子勾拉"指的是描绘笔法，既有删繁就简的写意，也有对局部细节的描绘，笔法粗中见细。"细心粉脸，眉眼巧画"是指画脸时先粉一个洁白的脸型，再以工笔画的手法描绘出眉眼、五官。"待要好看，咸菜磕花"是指画匠们就地取材，将萝卜咸菜刻上几何或花卉图案，蘸着颜料在大刷狂涂出来的人物服饰上一磕成画，大大提高了作画的效率。这些工艺都要用独特的画具来完成。除"大涮笔"和"磕咸菜花"外，艺人们还创造了"鸳鸯笔"和"排线笔"等画具，这些笔都是根据实际需要由普通毛笔改制而成的。

扑灰年画取材广泛，内容丰富，有高山江河、神话传说、鱼鸟花卉、戏曲人物、平民百姓、才子佳人等题材。按功用来分，主要有神像画和欣赏画两类。

神像画是为了满足人们崇祖敬神的精神需要而产生的，有灶王、文财神比干、武财神关公、观音等，还有各种家堂画。

欣赏用的年画根据不同的欣赏对象，内容和题材也不相同。

清代千手观音（选自学位论文《高密扑灰年画视觉图形研究》）

中国农业博物馆藏家堂画（选自论文《中国农业博物馆藏高密“家堂”扑灰年画的初步研究》）

供老年人欣赏的年画内容多是“福寿有关，孝道为先”，最有代表性的是《二十四孝图》。扑灰墨屏二十四孝图在高密曾风靡一时，有老人的家庭多张贴。这类画还有福、禄、寿星等，表达了祝福老人长寿的美好愿望，也教育子女要尽孝道，孝敬父母长辈。

姑娘们的房间里贴的多是宣扬三从四德或修身养性之类的年画，如《三皇姑出嫁》《仙女散花》等。20世纪30年代后，画师们创造了一些富有青春气息和活力的年画，如《踢毽子》《牛郎织女》《白蛇青蛇》等。

媳妇们房间贴的则不同，多与早生贵子有关，如《仙鸡送子》《麒麟送子》《双鹿送子》《万事如意》等，这些年画寄托了人们希望能早生贵子、增丁添口的美好心愿。此外，媳妇们的房间里还张贴一些表现家庭和睦的年画，如《姑嫂贤》《姑嫂闲话》等表现小姑和嫂嫂和睦相处的年画。在媳妇生了孩子后，就会在房间里再贴一些期盼孩子成材的教育类年画，如《五子夺魁》《童子进宝》《三娘教子》等。

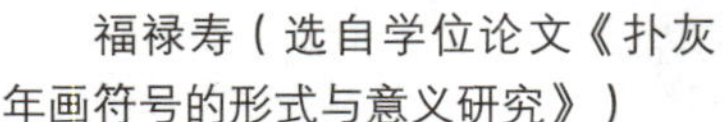

福禄寿（选自学位论文《扑灰年画符号的形式与意义研究》）

踢毽子（选自学位论文《扑灰年画符号的形式与意义研究》）

姑嫂闲话（选自《民间手工艺术·山东卷》，第 31 页）

三娘教子（选自学位论文《扑灰年画符号的形式与意义研究》）

在高密扑灰年画发展史中，涌现出了无数的画匠，他们为扑灰年画的发展做出了卓著的贡献。现在扑灰年画的国家级传承人是吕臻立，高密姜庄镇人，祖传扑灰年画的手艺，是吕氏画派第六代传人。其绘画风格庄重淡雅、细腻飘逸、清丽典雅。其代表作是高密扑灰年画中的上乘之作。如今吕臻立的女儿吕红霞继承父业，为吕氏扑灰年画第七代传人。

吕臻立在作画（选自《图说山东民俗》，第 106 页）

此外，甄家屯的王锡山，祖传画扑灰的手艺，到他这代画扑灰已有五六百年的历史，其孙媳妇现在已经继承其业。在甄家屯，有五六家画扑灰的，据说其中的大部分是跟着他学的。甄家屯的王秀贵，其画扑灰年画的技艺是从小跟村里人学的，绘制的多是一些传统题材，如姑嫂闲语、踢毽子、莲花、牡丹等，这些都是扑灰年画的代表。

王锡山及其孙媳妇（叶涛　摄）

（三）高密聂家庄泥塑

潍坊高密聂家庄的泥塑在山东民间工艺中很具有代表性，其朴实无华、气韵生动、艳丽多姿，具有浓厚的民间色彩，为老百姓所喜闻乐见。聂家庄村民将制作泥塑作为副业，平时和泥作坯，烧火做饭时顺带烘干，临近春节时刷粉彩绘，走乡串

山东乡情展馆·聂家庄泥塑（郭晓宁、史天思　摄）

集售卖。当地流传一首歌谣：“聂家庄，门朝南，家家户户捏泥玩。”可见其生产的普及性。

据说，聂家庄泥塑起源于明代。当时聂氏祖先从外地迁来，为了补贴家用，开始做“锅子花”，即在泥坯中装入火药的一种简易烟花，春节或正月十五时用来燃放。装火药的泥坯称“锅子”，也称“泥墩”，形状像倒扣的锅底，放完烟火后还可以当作玩具。早期的锅子花并不饰以颜色，制作也粗糙。这种锅子花就是聂家庄泥塑的前身。《聂氏族谱·丁亥续谱序》中有这样的记载：“享誉中外的聂家庄泥塑就出自祖先之手，经十几代艺人苦心探讨与研究共同努力四百载方成正果。至十九世敦琚，凭他本人的聪明才智，能画、会塑，善于创新，和其他族人一道将聂家庄泥塑从品种、造型、色彩推向新阶段，其事迹已纳入高密县志。”（转引自崔研因：《聂家庄泥塑工艺调查与研究》，2010年山东工艺美术学院硕士研究生学位论文）

清代康熙年间，聂家庄制作的锅子花已开始饰以颜色，也出现了动物造型。康熙后期，聂家庄泥塑开始由锅子花向泥塑转变，其内不再装有火药，造型上有泥娃娃、禽、兽、虫、鱼等，并施以鲜艳的彩绘，成为儿童玩耍的泥玩具。由于不再装填火药，降低了生产成本，又开拓了新的销售市场。当时泥塑的市场需求很大，为提高生产效率，民间艺人们开始由手工捏制转向模具制作。但这一时期生产出来的泥玩具都是不会叫、不会动、不会逗趣的“呆”玩具，泥塑的制作还处于萌芽时期。之后，出现了专供欣赏的“条子人”，如“仕女”“戏头”之类。

清代嘉庆年间，聂家庄泥塑进入成熟期，由静态的泥玩发展到了会动、会叫、会逗趣的活玩具。这一时期出现的叫虎、叫鸡、叫猴、叫狮等，成为聂家庄泥塑的代表作品。在造型及彩绘方面也受扑灰年画、高密剪纸、杨家埠木版年画等的影响有了创新，逐渐成为一种别具一格、形式多样、较为成熟且声色并茂、制作精美的民间艺术形式。其销售范围也从高密，扩展到了周围方圆百里的莱阳、平度、潍县、昌邑、诸城、安丘、即墨、胶县、昌乐等地。至新中国成立初期，其品种已经有50余种，销售区域进一步扩展到了东北各省。“文革”时期，聂家庄泥塑生产处于停滞状态。“文革”后恢复，但在20世纪80年代中期遭遇塑料玩具的冲击，其发展处于低谷。

近几十年来，在政府及民间艺人的努力下，聂家庄泥塑不仅保留了其民间特色，而且有了创新，品种更加丰富，在造型与色彩方面更适合市场需求及大众审美情趣，出现了一批精品，如《猪八戒背媳妇》《麻姑献寿》《狮子滚绣球》《梁祝》等，使聂家庄泥塑登上了一个新的艺术高峰。2007年，聂家庄泥塑被列入山东省首批非物质文化遗产保护名录，使得其传承与发展又进入一个新时期。

聂家庄泥塑根植于高密民间，其内容取材于高密的民情风俗，又广泛借鉴民间剪纸和民间年画的题材，反映了平民百姓的朴实性格和生活愿景，适应了人们的节日需要和审美情趣。聂家庄泥塑的题材广泛，有民间传说、神话故事、戏曲人物、鱼鸟禽兽等，而最有代表性的是各种类型的泥老虎，还有叫鸡、摇猴、躺躺孩儿、吧嗒孩儿、麒麟送子、鬼子打更等。这些题材充分表达了底层民众对生活的热爱及对未来美好生活的向往。

叫虎（叶涛　摄）

在造型上，聂家庄泥塑大胆夸张，

注重表神写意，形象简约而概括，力求神似，如老虎、叫鸡和狮等动物的造型，类似剪纸艺术。艺人们在制作叫虎时，着重刻画老虎的头部，使老虎有百兽之王的神态，反而虎腿做得粗壮，尾巴仅凸起一点，再涂上艳丽的色彩和简单的花纹，眼神刻画温和。这些艺术处理使得老虎温驯可爱，即使是儿童也不会感到害怕。在塑造人物时，人物的面部俊秀，身段潇洒简约，有写意的风格。

在色彩的运用上，聂家庄泥塑同扑灰年画相似，色彩艳丽且鲜明，柔和而动人；以大红、绿、黄、紫等颜色为主，用色少而精，注重美化，使人物和动物的神态栩栩如生。当地流传很多上色口诀，“红配黄，必定阳；紫配绿，死无趣”。还有一些具体的口传方法，“黄马紫鞍配”，“红马绿鞍配”，“红要红得鲜，绿要绿得娇，白要白得净”等。在上色时，也借鉴了扑灰年画的“明油”和“涮花”的手法，加强了色彩对比和明度对比。

聂家庄泥塑具有重要的艺术价值，其制作工艺却相对简单，没有什么复杂的技术，只是村民在农闲时顺手做来。有这样一首顺口溜：“一块泥巴一支笔，随心所欲来捏制。一家老少都能搞，两天能换一斗米。”当地艺人制作泥玩的原则是不吉利的东西不做。

聂家庄泥塑的主要材料是泥土，艺人们就地取材使用当地出产的“红岗子土”或“红杠子土”（因土色棕红而得名），其含沙量小，质地细密，收缩力适中，不粘手，符合做泥塑的要求。除了土之外，还有其他辅助材料，如滑石粉、胶、颜料、芦苇秸秆、人造革、弹簧、纤维、明油等。

各类刀具（选自学位论文《聂家庄泥塑工艺调查与研究》）

聂家庄泥塑的制作工具有很多，如筛子、各类笔、各类刀具、模具、塑料膜等。

聂家庄泥塑的制作过程分为和泥、定型、翻模、制坯、涂粉、彩绘等。以制作叫虎为例。首先是和泥，将红岗子土从地表一两米深处挖出，晾晒干，捣碎后用筛子筛，然后加水，掺入适量黄土，搅拌和泥，

制坯（选自学位论文《聂家庄泥塑工艺调查与研究》）

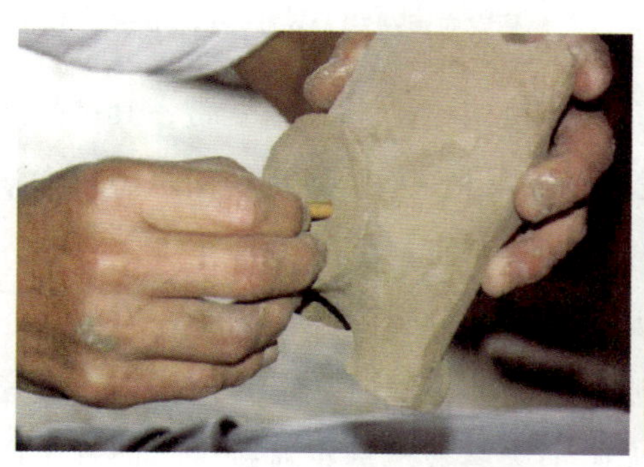
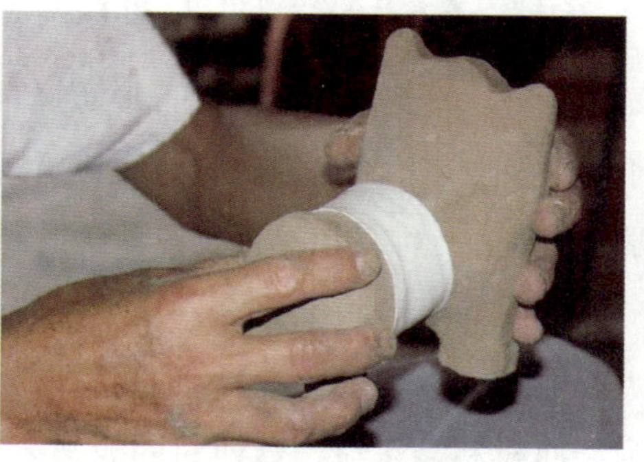

装哨、接坯（选自学位论文《聂家庄泥塑工艺调查与研究》）

使泥团柔软均匀。然后用泥捏出样品，即定型。用捏好的造型，翻制模子，用模子制作泥塑，即翻模。做好的泥坯要自然晾晒，并要进行修整。最后将叫虎的前后两部分粘连在一起，装上哨子，全身涂成白色作为底色，最后彩绘。当然，不同的造型，其工艺也有所不同。聂家庄泥塑的造价低廉，工艺相对简单，所以其售卖价格也不高，这也是其能流行开来的一个原因。

聂家庄以前家家户户都做泥塑，现在由于市场需求减少，利润也低，所以只有一些老艺人还在制作，而且很多人的年龄都超过了 60 岁。聂家庄自古以来出了很多泥塑艺人，较有名的如聂敦琚。据说聂敦琚是当年村中有名的泥塑艺人，笔快，画得好。他小时候，个子矮还够不着桌子，只要蹦一下就能画好，所以都说他的笔快。《高密县志》载：“聂敦琚（1897—1970），高密县聂家庄人，年少时受家庭影响，喜爱民间美术和彩绘泥塑。及长，在祖传泥塑手艺的基础上，专心钻研，推陈出新。除用手捏制外，还运用模具制作；并仿效民间木版年画的鲜艳色彩，精工彩绘泥塑。其作品造型优美，色彩艳丽。代表作品有高达 2 尺的泥娃娃、罗汉、仕女，有八仙、弥勒佛、孙悟空、猪八戒、麻姑献寿、狮子滚绣球、凤凰牡丹、泥烛台和泥香炉等，

民间艺人聂希蔚在彩绘（叶涛　摄）

聂家庄泥塑艺人及其作品（叶涛　摄）

计三四十种。其塑的人物、禽兽形态逼真，栩栩如生，获得群众赞赏，其产品除销售于附近及胶东沿海各县外，还远销沂蒙山区及东北三省。”（转引自山东大学民俗学研究所：《潍坊市民俗资源考察报告集》（内部资料），2003 年）

就目前的生产状况而言，聂家庄的泥塑艺人可分为两类：职业艺人和兼职艺人。职业艺人以泥塑为业；兼职艺人以泥塑为副业，同时从事其他行当。聂家庄分为聂西村和聂东村，聂西村的泥塑艺人占绝大多数，聂东村较少，而且生产规模都不大。

职业艺人的代表首推聂希蔚。可以说无论是从泥塑的品种和质量，还是数量，他都可称得上村内第一，其本人的泥塑技艺也得到了村民的认可，威望很高，可称得上是聂家庄泥塑业的“掌门人”。

（四）鲁　锦

鲁锦是山东鲁西南地区的一种民间纯棉提花手工纺织品。旧时，未出嫁的姑娘都用自织的布做服饰、被褥、床单、枕头、枕巾、门帘、手巾等作为嫁妆，以显示心灵手巧、聪明贤惠。鲁锦主要以棉花为原料，通过手工纺线、染色，再用织布机织造，以经纬相交、通经断纬的原理织成图案，又称“花格子布”“提花斗纹布”。

因织工精细、图案精美、质地细密、色彩绚丽、舒适耐用，似织锦，而定名鲁西南织锦，1986年在济南“鲁西南织锦与现代生活”的展览研讨会上简称“鲁锦”。

山东乡情展馆·鲁锦（郭晓宁、史天思　摄）

鲁锦主要分布于菏泽、济宁、滨州、德州、东营等地。这些地区地处黄河下游，属黄河冲积平原，地势平坦，光照充足，水源充沛，广泛分布适于棉花生长的沙质土壤。鲁西南地区的织造历史悠久。新石器时代的曲阜西夏侯遗址中，就曾发现纺织工具，其后的菏泽成武大台、东明窦涸堆和曹县梁涸堆等遗址中都曾出土陶制纺轮，济宁嘉祥东汉武氏祠汉画石像《曾母投杼图》中则出现了踏板织机的形象，而枣庄滕州龙阳店出土的汉画像石则有使用纺车的场景。可见，早在秦汉时期，鲁西南的纺织技术就已显示出较高的水平。唐时，李白有诗“鲁人重织作，机杼鸣帘栊”，杜甫亦有“齐纨鲁缟车班班，男耕女织不相失”的诗句，可见其时山东织造的闻名。明代万历年间，菏泽地区的地方志也记载，妇女们晚上织布，纺车的声音，邻居之间都能听到。清代《乾隆曹州府志》载：“地产木棉，以之为布而无苧麻。妇女务蚕桑，织丝为绢，亦能为绫。木棉转鬻他方，其利颇盛。茜草靛青可以为染，田间多种之。”（《中国地方志集成·山东府县志辑 80》，凤凰出版社，2004 年，第 126 页）书中还记载到，定陶所产的棉布优于其他县，郓城也宜种木棉，商人运布往南方售卖，获利颇丰。在清代，鄄城苏家的织锦曾作为贡品献于朝廷。

在清代乾隆后期，鲁锦逐渐步入发展的缓慢时期，直到新中国成立前。新中国成立后，鲁西南地区的棉花种植面积大幅增加，也促进了鲁锦的发展。20 世纪 80 年代，一些高校参与了对鲁锦的改造与提升中，使得鲁锦织造技术有了明显的进步。2006 年鲁锦被列入山东省非物质文化遗产名录，2008 年鲁锦织造技术被列入国家级非物质文化遗产名录。鲁锦的利用与开发随着文化遗产保护的潮流而出现了新的契机。山东有多家公司经营鲁锦，并取得了一定的经济效益。

鲁锦的手工织造工艺较为复杂，从种植棉花到纺线，再到织机织布，大约要经过七十二道工序。在鲁西南地区，流传一首歌谣《棉花段》，详细地描述了民间织布的程序：

天上星星剔溜溜转，听俺表表棉花段。
庄稼老头去犁地，犁耕耙套都带全，
使着两个老板健，拽拉拽拉上家前，
犁得深，耙得暄，横三竖四耙七遍。
黑花种，灰土拌，撒在地里云散散。
老天下了场雾细雨，出的小花真全欢。
两个短工去锄地，横三竖四锄七遍。
打花顶，做花盘，开的花像黄罗伞，
结的花桃一大串，开的花芋赛雪蛋。
小大姐，去拾棉，一趟拾了一竹篮。
大箩头挎，小箩头担，慌得老妈妈搬板凳，
又搬一个大蒲廉，晒得棉花松软软。
奇溜各嗒去轧棉，一边出的是花种，
一边出的是雪片。
沙木弓、牛皮弦，
腚沟夹个柳芭椽。
枣木锤子旋了个剔溜圆，
弹得棉花扑然然。
拿挺子、搬案板，
搓的布绩细又圆。
好使的车子八根齿，
好使的锭子两头尖，纺的穗子像鹅蛋。
打车子打、线柱子穿，浆线杆架着浆线椽。
沌线棒棒拿在手，砰砰嚓嚓沌三遍。
风车子转，络子缠，经线姑娘跑开马，
线头闯进杼里边，刷线姑娘两边站，
织布就像坐花船。
织出布来平展展，
送到缸里染青蓝。
粉子浆，棒捶掂，

剪子铰，钢针钻，做了一个大布衫。
虽说不是值钱货，七十二样都占全，
十字大街站一站，让您夸夸奴家的好手段。

这首歌谣将织布的整个流程生动地表现出来，包括耕地耙地、种棉、锄地、打顶、择花、拾棉、轧棉、弹花、搓布绩、纺线、打线、染线、浆线、沌线、络线、经线、闯头遍杼、刷线、做综、掏综、闯二遍杼、吊机、备纬、织布等。

纺线·经线（选自《山东民俗》，彩插）

鲁锦纺织工序——刷线（选自《山东省志·民俗志》，彩插）

菏泽鄄城鲁锦博物馆·织布（曲洪祎 摄）

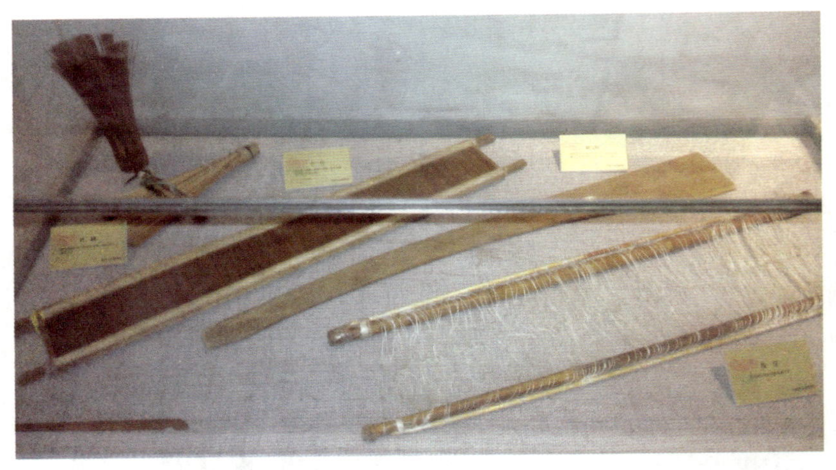

菏泽鄄城鲁锦博物馆·竹刷、竹杼、做综板、线综（曲洪祎 摄）

鲁锦各种纹样（选自学位论文《存在——传统鲁锦艺术的当代设计转换》）

鲁锦的制作过程中需要使用很多工具，如纺车、打车、竹杼、染料、做综板、闯杼、织布梭、织布机等。

鲁锦通过棉线的经纬相交循环变化，再加上着色经纬线的错综交叉，形成特有的节奏和韵律，产生了变化无穷的几何纹样。在提花纹样上有斜纹、条纹、方格纹、枣花纹、水纹、狗牙纹、斗纹、芝麻花纹、合斗纹、鹅眼纹及猫蹄纹等。当地妇女都有自己的叫法，如“内罗城，外罗城，里头住了个老朝廷”“八个盘子八个碗，满天的星星乱挤眼”“窗户棂子挂纱灯，清起的太阳，哼黑的星”等，充满了生活气息。

鲁锦的色彩大方艳丽，具有明显的对比度。常见的色彩有蓝、黑、白、桃红、翠绿、草绿、中黄、浅黄、紫色、大红、玫红等。在配色方面，冷暖相间、轻重穿插，如蓝色配黄色、绿色配红色、黑色配白色等，色调典雅而质朴。

（五）杨家埠木版年画

潍坊杨家埠与天津杨柳青、苏州桃花坞并为全国三大年画产地。关于杨家埠木版年画的起源有很多说法：一说，清朝初年，当地有个京官回乡时带回一对门神画，春节时贴于大门，很受百姓喜欢，于是有人模仿复制，由此年画兴起；一说，根据《杨家埠村志》，杨氏祖先于明朝洪武二年由四川迁来，而历史上的四川曾是中国版刻画的故乡，于是有学者推断有版画传统的杨氏先祖结合山东当地的民风民情，创造了木版年画这一独特的民间艺术。

明朝中期，杨家埠木版年画已初具规模。这一时期，杨家埠木版年画题材范围还比较窄，主要以神像画为主，满足了民众对于神祇祭拜的需要，主要印制《门神》《菩萨》《灶王》《财神》《玉皇》及全神纸祃等。在刻绘上，一方面取材于宗教木刻画，如《三代宗亲》，绘刻工丽缜密；一方面取材于小说、戏曲故事等，刻绘古朴。从明代至清初，杨家埠已有画店，著名的有“同顺堂”“太和”“恒顺”等。

从清朝初年到清代中叶，杨家埠木版年画无论是题材、形式还是艺术手法等都臻于完善，而且商品化程度较高。清代初年，有“万顺”“公兴”等 30 余家画店生产售卖年画。这一时期，不仅年画品种增加，而且绘刻技术更加纯熟，出现

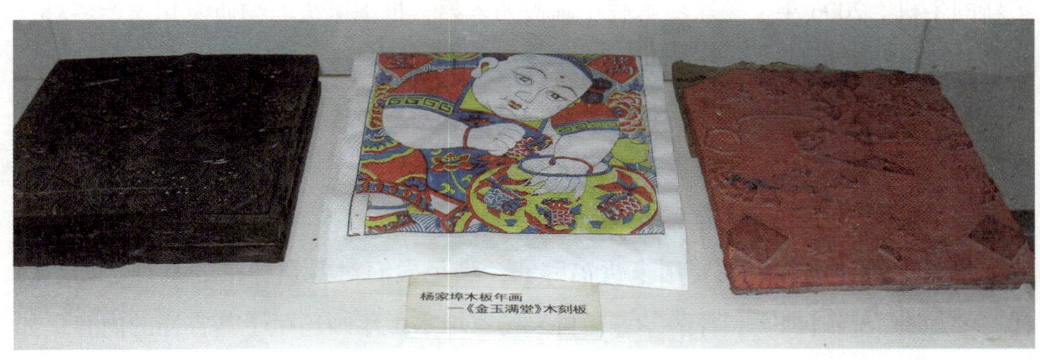

山东乡情展馆·杨家埠木版年画金玉满堂和雕版（郭晓宁、史天思　摄）

了《刘海戏金蟾》《年年有余》《博古四条屏》等代表性作品。清朝乾隆年间，杨家埠木版年画的题材更为广泛，除了神像画更加完备之外，儒释道三派所尊的各类神祇、先师、圣人等，几乎全部进入杨家埠年画中；还包括社会生活、戏曲故事、神话传说、山水花鸟、飞禽走兽等题材。可以说杨家埠木板年画将平民百姓的美好期盼和祝福都印进了画中。年画的形式，也按照需要分为更多的类别，门画分为大门画、屋门画、房门画，炕头画分为横披、竖披、方贡笺、毛方子；还有装饰客厅的中堂、条屏等。这一时期画店更多，仅西杨家埠由杨氏开设的就有 82 家。至清朝末年，年画的品种更加丰富，经营日益完善，杨家埠木版年画进入繁荣鼎盛时期，形成了“画店百家，年画千种”的局面。这一时期，天津杨柳青年画传入，给杨家埠年画以很大启示。首先，年画多以戏曲故事和公案小说为题材，如《空城计》《打渔杀家》《拿九花娘》《黄三太镖打窦儿墩》《拿白菊花》等；其次是“发福生财”的吉庆画，如《摇钱树》《大春牛》《三大家》等。除此之外，还出现了讽刺、幽默年画，如《打婆婆变驴》《十不足》等。这一时期还出现了反映时事的年画，如《八国联军进北京》等。这一时期的年画实用性更强，如用于导游的《天下十九省》《泰山行旅图》，装饰节日食品的“月饼签”，美化房间顶棚的“花纸”等。这种变化在一定程度上促进了日益萧条的杨家埠年画的发展。

民国以后，世态不稳，民不聊生，杨家埠年画日渐萧条。但以杨九经为代表的改革者创立了“东大顺画店”。一些勇于创新的民间艺人吸收了其他绘画的技法，绘刻新的品种，如《四季花鸟》《八仙条屏》等。总之，这一时期杨家埠年画适应了人们的欣赏习惯，开拓了新的市场。新中国成立后，在政府的支持下，民间艺人革新观念，推陈出新，年画有了新的发展。改革开放以来，成立了杨家埠木版年画研究所，对杨家埠年画进行挖掘、搜集、整理、研究和革新，使杨家埠木版年画有了新的生机。2006 年，杨家埠木版年画被列入第一批国家级非物质文化遗产名录，使得其传承与发展进入一个新的时期。

杨家埠木版年画题材内容非常丰富，形式也多种多样，所谓“巧画士农工商，描绘财神菩萨，尽收天下大事，兼图里巷所闻，不分南北风情，也画古今轶事”。杨家埠年画大约可分以下几类：

第一类是神像类，主要用来祈福辟邪，满足人们对各类神祇的祭拜，如“门神”“灶神”“财神”“菩萨”等题材。杨家埠木版年画还赋予其吉祥的内容，如有的《灶王图》加上“财神”或《刘海戏金蟾》，以祈求生财发福；有的还表现阖家美满、团圆。

第二类是仕女娃娃类。通过寓意、谐音、象征等传统手法，烘托吉祥喜庆的气氛，表达了平民百姓对美好生活的向往和追求，如《金玉满堂》《年年有余》《喜报三元》《欢乐新年》《麒麟送子》《发财还家》等代表作。这类年画满足了人们求吉的心理需求。

第三类是风土人情类。这一类年画呈现了老百姓的日常生活场景，如作品《男十忙》《女十忙》反映了农村百姓劳动的场景，《大春牛》反映了人们祈求丰收的美好愿望。

福寿灶王（选自学位论文《齐鲁杨家埠年画灶王形象研究》）

潍坊杨家埠仕女类年画·筝飞太平（曲洪祎　摄）

男十忙年画（选自论文《杨洛书木版年画研究》）

第四类是山水花卉、飞禽走兽类。这类年画不仅赏心悦目，而且有吉祥的寓意，如《富贵双双到白头》《猫蝶富贵》等。这类年画也用于婚礼、寿礼等场合的人情往来、礼品互赠。

第五类是小说戏曲、神话传说类。这类年画以炕头画为主，品种最多，销量也最大，主要取材于《三国演义》《水浒传》《封神演义》《白蛇传》等公案小说和一些戏曲故事等。这类年画往往“画中有戏”，一张画就是一个故事，既可以欣赏，又能传授做人做事的道理，非常受人们的欢迎。

第六类是时事新闻、讽刺幽默类。这类年画有鲜明的时代特色。五四运动时期，杨家埠的民间艺人们创作出一批紧贴时代的年画，如《义和团》歌颂了底层民众的反帝爱国运动，而《慈禧太后逃长安》讽刺了慈禧的昏庸腐败、卖国求荣，《十不足》则讽刺了人们的贪欲难以满足。总之，这类年画有很强的时代特色，还有一定的教育意义。

第七类是实用类，主要用来服务于人们的现实生活。如用于导游的《天下十九省》《泰山行旅图》等，用于小商贩到各地进行交易的《各处称头歌》，用于学习书法的《四体千字文》，用于生活装饰的桌帏子、床帏子、轿帏子、月饼签、书册封面等。

潍坊杨家埠·花卉类年画（曲洪祎　摄）

潍坊杨家埠·传说类年画（曲洪祎　摄）

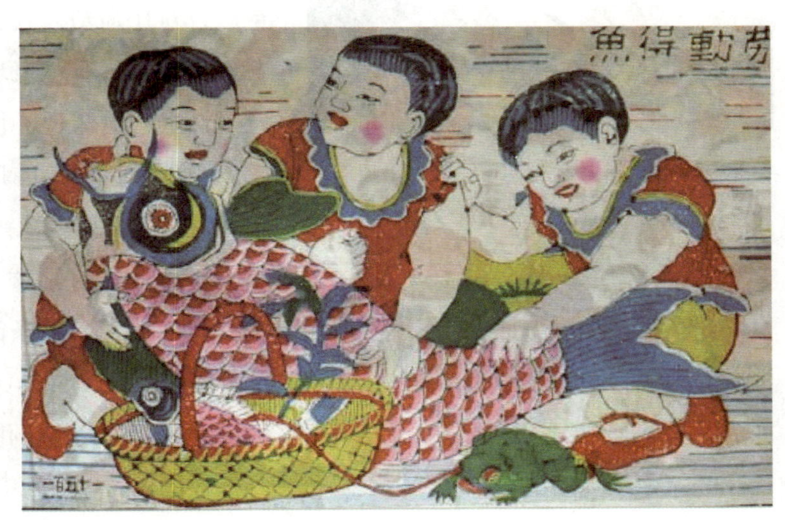

劳动得鱼炕围子（选自学位论文《杨家埠“同顺德”年画作坊研究》）

杨家埠木版年画在生产工艺方面也有其独到之处，其流程如下：

首先是拓稿画样。先用朽笔（柳炭条或木炭条等）勾画，反复修改，定稿之后再用毛笔描绘，称“朽稿”。朽稿完成后，再画正稿，称“画样”，作为之后雕版和印刷的蓝本。还要在毛边纸上描出线稿，用作刻板的“底样”，然后用稀释的糨糊反贴于画版上，晾晒干就可以雕刻画版了。

其次是雕刻木版，这是杨家埠年画的基础。先雕刻线版，此工序最耗工夫，也最能体现民间艺人的技艺水平。刻好后，印几张线稿，对照画样分出色版后，再刻色版。色版又称“台子版”，一般要四五块，一种颜色一块版。刻版用的材料，旧时多用棠栗子木，现在多用梨木。木版的厚度约三四厘米，以保证其遇水后不

民间艺人杨洛书雕刻木版（选自《山东民俗文化与民间艺术》，第 86 页）

容易变形，耐保存。雕版过程中用到的雕刀有很多，如立刀、裁刀、挖刀、剔刀、扑钻等。

再次是上案印刷。先印线版，再印色版，一遍一遍套印，即每次只印一种颜色，等颜色晾干后再印第二种，以此类推。

最后是烘货点胭。年画印完后，用手工描绘，润色，以求自然生动、完美精致。

杨家埠木版年画在色彩运用方面追求艳丽，对比强烈，具有喜庆的气氛，用红黄蓝黑紫五种基色表现了年画的鲜艳、热闹和红火，也体现了百姓的情感和心理需求。当地流传用色的口诀："紫是骨头绿是筋，配上红黄画真新。红主新，绿主淡，绿色大了不好看。紫多发恶黄多傻，用色干净画鲜艳。红间黄，喜煞娘；红重紫，臭其屎。"在造型方面，杨家埠木版年画构图匀称饱满，线条简练凝重，增加了画面的美感。当地也流传关于构图的口诀，"年画画得好，头大身子小"，"男子汉，四方脸。姑娘媳妇，瓜子脸。儿童娃娃，大圆脸。戏曲人物，化妆脸"。

杨家埠年画的销售有三种方式：

一是开画店。明朝时期，杨家埠就有很多画店，如"同顺堂""泰和""公茂""永盛"等；清初有名的画店有"万顺""德盛恒""广盛太"等；清中期有八十几家；清末则一百多家。画店的堂号多以吉祥如意的字为名，反映了民众求吉求利的心理。

二是开画庄，就是在外地设分店。杨家埠年画的画庄分布很广，不仅遍布山东境内，如济南、莱州、鱼台、胶州、日照、高密、诸城、平度、沂南等地，省外也设分店，如安徽的宿县，江苏的徐州、马头，以及关东地区。画庄的经营方式有两种：一是独资经营，直产直销，独得利润；二是合资经营，就是与所在地合作，一般由杨家埠画店提供技术和部分资金，所在地提供店面、劳动力，有的还提供资金，共同合作经营，按事先约定分享利润。

三是走街串巷赶集卖画，即后来的“唱卖”。唱卖当地又称“扛板子”，唱一段叫“扛条子”，唱时没有固定的曲谱和歌词，由卖画者根据年画的内容即兴发挥，以招徕顾客。卖《摇钱树》年画，就唱：“家里有棵摇钱树，

潍坊杨家埠·艺人印画（曲洪祎　摄）

强起有万富——一天摇一摇，落下无其数，老小齐打扫，盛钱的囤子高起屋。”卖《人财两旺》年画唱：“大财主，真是上，家里人才共两旺。少的扛元宝，老的运气壮。这画买了去，拿着贴在炕，富贵年年有，一总不用创。”卖《老虎》则唱：“大老虎，小老虎，买了家去贴满屋。大人看了不生气，小孩看了不再哭。”还有反映义和团反帝爱国运动的，如卖《炮打日本鬼子》年画唱：“打洋鼓，吹洋号，董福祥性子爆。领人马，控炮台，头里走的是义和团，后面紧跟红灯照；打得好，打得妙，打败鬼子争功劳，亮红顶子头上戴，天下的大人数你好。”

（六）潍坊风筝

风筝，又名纸鸢。明代陈沂《询刍录·风筝》记载：“五代李邺于宫中作纸鸢，引线乘风戏。后于鸢首，以竹为笛，使风入竹，如鸣筝，故名风筝。”

风筝的起源很早。春秋战国时期，韩非的《韩非子》中记载：“墨子为木鸢，三年而成，蜚一日而败。”（〔战国〕韩非著，徐翠兰、木公译注：《韩非子》，山西古籍出版社，2003年，第163页）又《墨子》中载：“公输子削竹木以为鹊，

山东乡情展馆·龙头蜈蚣风筝（郭晓宁、史天思 摄）

成而飞之，三日不下。”（〔春秋战国〕墨子著，徐翠兰、王涛译注：《墨子》，山西古籍出版社，2003 年，第 221 页）后世普遍认为鲁班发明了风筝。唐时路德延有诗“拆竹装泥燕，添丝放纸鸢”，说明当时的儿童游戏中有放风筝。

中国各地多有风筝，而以山东潍坊最为著名。明清时期，潍坊民间放风筝盛行。每逢清明时节，潍坊白浪河正值枯水期，广阔平坦的河道成为人们放风筝的场地。清代康乾年间的郑板桥有诗云：“老困乌纱十二年，游鱼此日纵深渊。春风荡荡春城阔，闲逐儿童放纸莺。”另在《怀潍县》中云：“纸花如雪满天飞，娇女秋千打四围。五色罗裙风摆动，好将蝴蝶斗春归。”这些诗句都生动地描绘了在风和日丽、草木竞发的季节，人们到白浪河两岸踏青、游玩、放风筝的场景。清末民初潍县人陈恒庆在《谏书稀庵文草诗草随笔》中也记录了人们在白浪河畔放风筝、春游的情景：“其地板桥横亘，河水初泮，桃李葩吐，杨柳烟含，凌空纸莺，高入云霄，结对游人，男女杂沓，恰如宋代张择端所画之《清明上河图》也。”（转引自张基振：《潍坊风筝论考》，《体育文化导刊》2016 年第 2 期）

到了民国时期，放风筝的盛况依旧。《民国潍县志稿》载：“清明……小儿女作纸鸢、秋千之戏。”（《中国地方志集成·山东府县志辑 40》，凤凰出版社，2004 年，第 388 页）这一时期，风筝艺术逐渐形成了两个不同的流派——老潍县风筝和杨家埠风筝，而且出现了近代非常具有特色的 11 位风筝名家。他们扎制风筝注重家传，形成了后来的十一世家，分别是潍坊寒亭区杨家埠的杨同科，潍坊城区的陈善庭、康万香、杨万善、郭乃馨、胡敬珠、孙永春、牟丹、唐洪飞唐洪亮兄弟、韩连溪、张衍禄。由于放风筝比较普及，出现了风筝比赛。20世纪30年代，潍坊就有三次规模较大的官办风筝赛会。

杨家埠风筝艺人杨同科扎纸风筝（选自《工艺》，彩插）

20世纪80年代，潍坊风筝又焕发了生机。自1984年开始，设立了潍坊国际风筝会，获得了政府的大力支持。潍坊风筝不仅注重挖掘整理传统技艺，而且通过与国际风筝组织及爱好者的交流，有了更大的创新。2006年，潍坊风筝制作技艺被列入第一批国家级非物质文化遗产名录，风筝成为潍坊的名片。

潍坊风筝的造型种类很多，可分为五类：板式风筝、硬翅风筝、软翅风筝、串式风筝和立式风筝。

板式风筝是平板式结构，板子本身是升力片。这类风筝一般尾端都有一条尾巴或穗子，其作用是调整角度，保持平衡，使放飞顺利。板式风筝的形状有正方形、菱形、八角等。相对而言，板式风筝扎制容易，飞行性能好，又能表现多种题材，在潍坊较为普遍。

板式风筝（选自学位论文《论潍坊风筝的造型及艺术特性》）

硬翅风筝的两翼是固定形式，两翼之外的造型因风筝题材不同而不同。其升力片是两根上下横竹条构成的翅膀，其两侧边缘高、中间凹，形成通风道。硬翅风筝的两翼与主体是一体的，不能随意拆装。

软翅风筝的升力片由一根主翅条构成，下端没有骨架，是软性的。软翅风筝多扎制成飞禽、昆虫一类，并且主体骨架大多做成浮雕式。在潍坊，有一种可以拆装翅膀的软翅风筝，其翅膀与主体以塑料或金属环相连固定，拆下后

潍坊杨家埠·硬翅风筝（曲洪祎　摄）

潍坊杨家埠·软翅风筝“蝴蝶”“凤凰”（曲洪祎　摄）

潍坊杨家埠·串式风筝“龙头蜈蚣”（曲洪祎　摄）

潍坊杨家埠·立体风筝“宫灯”（曲洪祎　摄）

又易于携带。软翅风筝放飞于空中，翅膀随风飘舞，栩栩如生、生动逼真。

串式风筝是将数只相同或不同的风筝以线连接起来放飞的风筝。龙头蜈蚣风筝是这类风筝的代表，其身体由若干圆片连缀而成。另外，还有七仙女、京剧脸谱等题材的串式风筝。

立体风筝也称桶式风筝，由多层受风片或筒形体连接而成，有着明显的立体分层结构，一般采用折叠组装的骨架，宫灯风筝、花瓶风筝是其代表。立体风筝的扎制比较复杂，也较难放飞。

传统潍坊风筝的制作程序主要有扎、糊、绘、放，即扎骨架、裱糊、彩绘、放飞，通常称“风筝四艺”。

制作风筝的第一道工序是扎。通常选用毛竹扎骨架，因其有韧性，容易造型。一般要根据风筝的类型，用刀、锯、刨子、木锉等工具加工竹条，然后用火烤弯，再进行绑扎。

第二道工序是裱糊风筝。一般选用棉帘纸、宣纸、绢、尼龙绸等，因这些材料质地轻而薄，有韧性，抗冲击。裱糊风筝主要用糨糊、白乳胶等作黏合剂。

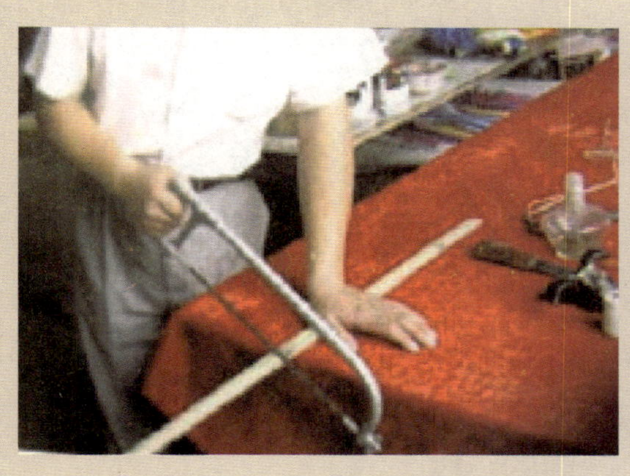

竹条加工（选自学位论文《论潍坊风筝的造型及艺术特性》）

第三道工序是彩绘。彩绘的材料是颜料和墨，工具是各种画笔。传统风筝常使用红、黄、绿、黑四种颜色，因这四种颜色鲜艳，有对比度。一般采取干画法，画完一种颜色，晾干后再画另一种。

彩绘（选自学位论文《山东潍坊传统风筝工艺的保护和开发研究》）

第四道工序是放飞。先要拴线，拴得好不好关系到风筝能否飞得起来。通常风筝线不直接拴到风筝上，而是通过脚线与风筝相连，脚线又称“定线”“提线”，脚线与风筝的相连处称“牵引点”。放风筝通常选择平坦而开阔的场地，判断好风向风速。潍坊杨家埠流行一首放风筝的口诀：“风筝下沉，则轻提之；风筝倾倒，则徐带之；风筝右偏，则右掖之；风筝左偏，则左掖之。”

潍坊风筝的题材很广泛。早在民国时期，风筝题材已很丰富。《民国潍县志稿》记载：“纸鸢其制不一，于鹤、燕、蝶、蝉各类外，兼作种种人物，无不惟妙惟肖，奇巧百出，或以苇作弓，缚纸鸢背上，风吹之有声如筝，故又名风筝。”（《中国地方志集成·山东府县志辑40》，凤凰出版社，2004年，第388页）大体上，潍坊风筝的题材有动物类、人物类、神话传说类、戏曲故事类及传统小说类等。

在潍坊杨家埠流行一首咏风筝的歌谣——《十个大姐放风筝》：

三月里来是清明，姐妹十人去踏青，
捎带着放风筝，放风筝。
大姐放的是白素贞，二姐放的是许相公，
西湖来调情，来调情。
三姐放的是杨宗保，四姐放的是穆桂英，
气死六郎公，六郎公。
五姐放的是张君瑞，六姐放的是崔莺莺，
红娘真机灵，真机灵。
七姐放的是祝九妹，八姐放的是山伯兄，
尼山读《诗经》，读《诗经》。
九姐放的是牵牛郎，十姐放的是织女星，
天河隔西东，隔西东。
风筝越高情越浓，引来一群小后生，
一阵脸儿红，脸儿红。
不知不觉拽风筝，暗暗拜求月老翁，
红线你传送，你传送。

歌谣中提到了白娘子与许仙、杨宗保与穆桂英、梁山伯和祝英台、张生与崔莺莺、牛郎与织女等形象，表达了人们对美满幸福生活的追求与憧憬。

（七）鄄城砖塑

砖塑最早由画像砖发展而来。在菏泽鄄城，谢家砖塑自清代咸丰年间传承至今已历经五代。根据当地文物部门的考古发掘，谢家砖塑可以追溯到清代乾隆年间。

其主要流行于鲁东豫西一带，用于庙宇、祠堂等建筑的构件。2006年鄄城砖塑被列入山东省第一批非物质文化遗产名录，2008年被列入第二批国家非物质文化遗产名录。

门楼垂脊、山墙的装饰（选自论文《鄄城谢家砖塑艺术与祠堂建筑研究》）

谢家砖塑技艺主要在家族男性间传承，依靠口传心授、耳濡目染。谢家砖塑的种类很多，主要有正房墀头下两侧山墙顶端和房顶屋脊上的装饰砖塑，题材有戏曲人物、动物和花鸟三类。

菏泽鄄城鲁锦博物馆·松鹤延年砖塑和绣球狮子砖塑（曲洪祎　摄）

谢家砖塑保留了民间捏塑和土陶工艺的特色，其制作工序如下：

首先是选土，通常使用当地的淤土，阴干后碾细过筛，这样和出来的泥才细腻有韧性，制作出来的砖塑上的花鸟、人物才能栩栩如生。然后加水和泥，一定要掌握好硬度，太干容易开裂，太湿则难成型。再用脚蹬泥，至少三遍。

其次是做泥板。按砖塑的规格，做成实心砖。

再次是刻画装饰，做成成品泥坯。

最后是烧制。做好的成品泥坯自然晾至半干就可以装窑了。烧窑的燃料是麦秸、豆秸等。一般要经过两三天烧制，出窑，是为成品，呈浅灰本色。

菏泽郓城鲁锦博物馆·制作砖塑工序（一）（曲洪祎　摄）

菏泽郓城鲁锦博物馆·制作砖塑工序（二）（曲洪祎　摄）

（八）山东剪纸

中国剪纸艺术源远流长。我国最早的剪纸实物是新疆吐鲁番出土的北朝剪纸五件，还出土了隋唐剪纸各一件。可以说，真正的剪纸艺术在魏晋南北朝时期已出现。南朝梁宗懔在《荆楚岁时记》中有这样的记载：“正月七日为人日，以七种菜为羹，剪彩为人，或镂金箔为人，以贴屏风，亦戴之头鬓。又造华胜相遗。”（〔梁〕宗懔撰，宋金龙校注：《荆楚岁时记》，山西人民出版社，1987 年，第 15 页）可见，当时在正月初七人日时要剪纸贴于屏风及头鬓上。唐代李商隐在《人日即事》诗中亦云：“镂金作胜传荆俗，剪彩为人起晋风。”剪纸一词出现于杜甫的诗《彭衙行》：“暖汤濯我足，剪纸招我魂。”唐代李远还有专门写剪纸的诗《剪彩》：“剪彩赠相亲，银钗缀凤真，双双御绥鸟，两两度桥人。叶逐金刀出，花随玉指新，愿君千千岁，无处不逢春。”

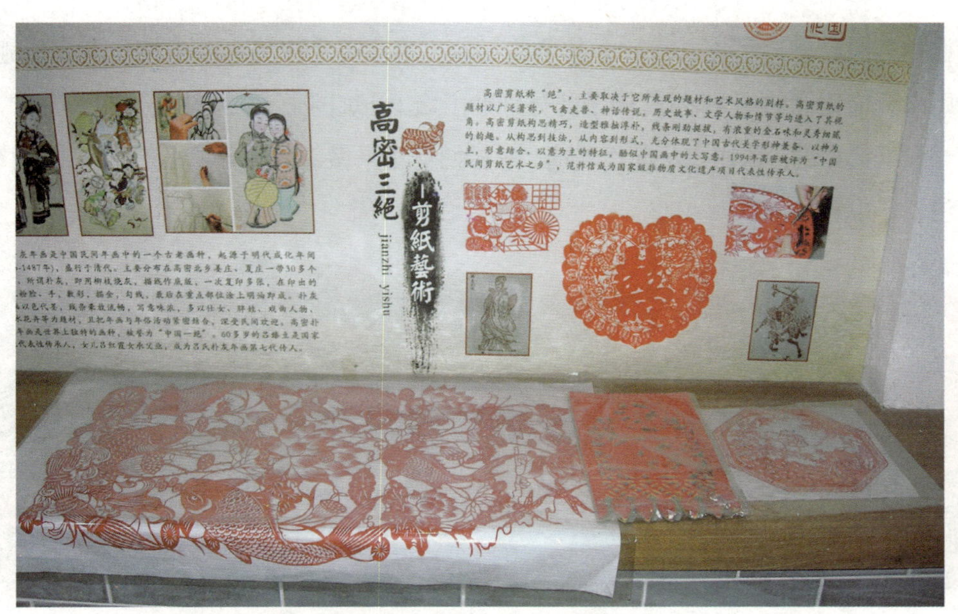

山东乡情展馆·高密剪纸（郭晓宁、史天思　摄）

山东民间剪纸历史悠久。潍坊昌邑西小章村明代嘉靖二十三年《马氏族谱》中记载："进元妻姜氏……善剪铰花卉、翎毛、人物，有巧名。"［转引自山东大学民俗学研究所：《潍坊市民俗资源考察报告集》（内部资料），2003 年］明代万历年间《莱阳县初志》中亦记载，当时人们将剪纸贴于花灯上，彩纸贴于门楣上。山东民间剪纸不仅历史久远，而且非常普遍。有学者认为若以县市区为单位，恐怕没有哪个地区没有剪纸的。在山东省第一批非物质文化遗产名录中就有莒县过门笺、五莲剪纸、滨州剪纸、高密剪纸、烟台剪纸、胶州剪纸，第二批非物质文化遗产名录中有威海剪纸和茌平剪纸。其中，莒县过门笺、滨州民间剪纸、高密剪纸、烟台剪纸被列入国家非物质文化遗产名录。其他有特色的地方剪纸如昌邑剪纸、安丘剪纸、黄岛剪纸、莱西剪纸、泗水剪纸及临沂地区的剪纸等。

山东民间剪纸有用刀刻的，也有用剪刀剪的。用刀刻的一般是男性，多刻制门笺和仰棚花，纸扎和卖窗花、绣样的男性艺人也用剪刀剪。知名的男性剪纸艺人，如潍坊高密的范祚信，他是第三批国家级非物质文化遗产项目代表性传承人。而女性剪纸艺人为数众多，且大都用剪刀剪纸。旧时，农村妇女和姑娘们在农闲时、年节或婚嫁时，都会剪纸。在一些地方，剪纸成为农村女孩是否心灵手巧和能否找个好婆家的重要条件，是她们必须掌握的手艺之一。

山东的民间剪纸可以分为日常生活剪纸、人生礼仪剪纸和岁时节日剪纸。

日常生活剪纸有窗花、门笺、纸斗花、顶棚花、墙花、坑围子花、绣样等。门笺在年节时贴于门楣上；窗花在年节或婚嫁、寿诞等喜庆场合贴于窗户上；顶棚花是用来装饰顶棚的；墙花、炕围子花分别贴于墙上、炕围子上；纸斗花用来装饰纸盒、纸斗和纸笸箩的；绣样在从前很普遍，农村妇女用来做或装饰鞋、肚兜、帽子、门帘、荷包、汗巾等。

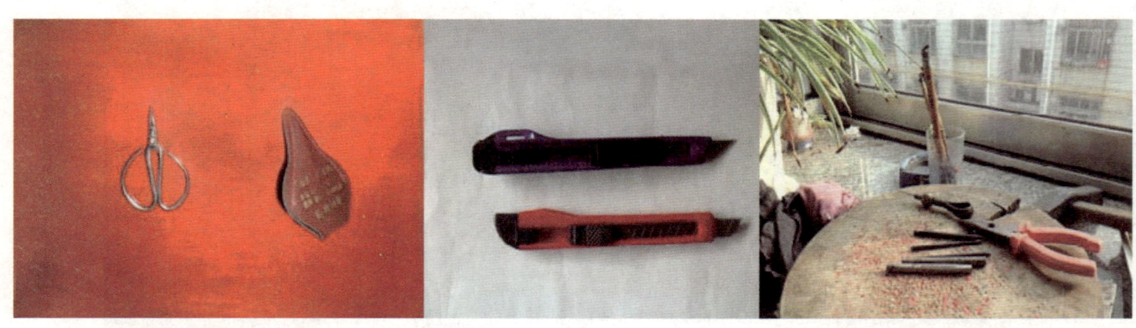

剪纸工具——剪刀、刻刀、镊子等（选自学位论文《剪与折——中日纸艺文化比较研究》）

人生礼仪剪纸包括诞生礼剪纸、婚礼剪纸、寿礼剪纸和丧礼剪纸。

淄博淄川南峪村·民间艺人演示剪纸（曲洪祎　摄）

婚礼中的剪纸也称“喜花”“礼花”，最多的是双喜字，多衬以鸳鸯、龙凤、喜鹊等。这些剪纸贴于门上、窗户上、柜子上、顶棚上等，以窗花样式最多。连馒头上也贴剪纸，胶东地区有俗语说“八个饽饽一只鸡，磕头作揖去求妻”，馒头上的剪纸称“喜饽饽花”。

婚后求子可以在居室内贴“五子登科”“榴开百子”“宝葫芦”等。在烟台招远、龙口等地，生孩子三日后，悬旗于大门上方，旗上贴“鲤鱼跳龙门”“麒麟送子”等。农村妇女们在生儿育女的过程中，也常常剪些剪纸，体现了对子女的期盼与爱，如“老牛舐犊”“母羊喂奶”“母子鹿”等。

淄博淄川南峪村·鞋样（曲洪祎　摄）

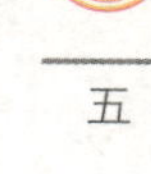

寿礼也多贴剪纸，如“百蝶贺寿”“猫蝶图”“老寿星”“寿桃”等。贴于窗户上的寿窗花更是多样，顶棚上也贴祝寿顶棚花。

丧礼当中也贴剪纸。烟台长岛一些地方在棺材上贴“寿材花”。烟台一些地方还在鞋上贴寿鞋花，鞋帮一般绣或贴狗、鹅、猫的图案，鞋底上贴莲花、蝶之类的剪纸。有歌谣道：“小鬼小鬼你别拉，奶奶脚底大莲花”，“小狗小鹅，搀着奶奶过河”，“脚踏莲花上西天，上不去西天蝴蝶扇”。丧礼中常见的剪纸还有纸钱，随着送葬队伍的行进而抛撒。

节日剪纸包括年节剪纸、元宵节剪纸、二月二剪纸、端午剪纸、七月七剪纸及中秋剪纸等。威海荣成在农历二月二要剪龙等图案，贴于窗户上，以求辟邪驱灾。

纸斗花（选自学位论文《山东民间剪纸的构成与造型特点探究》）

潍坊诸城顶棚花（选自《山东剪纸民俗》，彩插）

新房喜花（选自《山东剪纸民俗》，彩插）

贴于馒头上的“喜饽饽花”（选自学位论文《山东民间剪纸的构成与造型特点探究》）

生子后挂红上的剪纸（选自《山东剪纸民俗》，彩插）

烟台长岛一些地方在端午节贴剪纸于门上，有牛、虎、葫芦、宝剑等图案。七月七也剪剪纸，有歌谣唱道：“七月里，七月七，剪个牛郎拱织女。先剪憨牛郎，再剪巧织女。搭桥喜鹊剪千万，好叫牛郎会他妻。”八月十五中秋节，烟台一些地方剪“玉兔”“玉兔含莲”的剪纸贴于拜月的供品上，窗户上贴“玉兔”“月宫天阙”等剪纸。

剪纸的题材很广泛，包括民众生活、花鸟鱼虫、飞禽走兽、戏曲故事、神话传说、历史故事、高山流水等。在潍坊高密流行一首歌谣，详细地描述了当地民间剪纸的题材：

琴声悠扬把板敲，俺表窗花小技巧。
牛郎头上罩神光，脚踏行云会鹊桥。
猴子架起二郎腿，学人吃烟自偷笑。
货郎沿街摇鼓卖，喜煞深宅小姑嫂。
推车汉子回家来，金银财宝赚不少。
穆桂英点将发号令，身穿黄裙跳舞蹈。
老鼠嫁女是喜事，吹吹打打碰着猫。
刘海戏来金蟾女，一双娃娃玩小鸟。
花鹿托着寿星走，和合二仙各斗宝。
鞭打芦花闵子骞，王祥卧冰游鱼跃。
望香十冬哭甜瓜，世代流传为心孝。
梁祝长亭十八送，依依不舍离难煞。
衣冠楚楚状元公，祭塔救母人夸耀。
十八的小姑娘爬墙头，跃墙姿态真窈窕。
吹箫引的凤凰舞，三姐彩楼把球抛。
牛王弄枪来称霸，猴子抡棍揍老妖。
瑞莲夜奔寻兰宽，井台之上情相邀。
梁山一百单八将，绿林好汉称英豪。
剪底生花四季春，草虫小鸟都会叫。
窗户成了大观园，人禽鬼兽都相好。
村姑胸内题材宽，列位自读不赘表。

在烟台牟平，有一首关于剪纸的歌谣《黄狗黄》，表达了未出嫁的少女对于美好幸福家庭生活的憧憬：

黄狗黄，
黄狗地下盖新房。
关家姑娘绣鸳鸯，
一对鸳鸯一对鹅，
一对兔儿在山坡，
一对牛儿吃青草，
一对孩儿笑呵呵。

鲁南地区的歌谣对爱情的表达更为直接：

七月里，
剪荷花，
压在奴的枕头下。
莲蓬壳里籽粒多，
连生贵子到俺家。

参考文献

一、著作

［1］李凤梅：《山东民俗文化与民间艺术》，山东美术出版社，2008 年。

［2］兰玲：《山东居家饮食民俗》，济南出版社，2012 年。

［3］山曼、柳红伟：《山东剪纸民俗》，济南出版社，2002 年。

［4］叶涛、孟庆刚：《玲珑山下井塘村》，广西师范大学出版社，2013 年。

［5］山东临沂社科联：《沂蒙民俗风情概览》，山东画报出版社，2013 年。

［6］鲍家虎：《工艺》，山东友谊出版社，2004 年。

［7］山曼、李万鹏、叶涛：《山东民俗》，山东友谊出版社，1990 年。

［8］陈志华、李秋香：《中国乡土建筑初探》，清华大学出版社，2012 年。

［9］刘德龙：《风俗画卷》，中国言实出版社，2008 年。

［10］柏芸：《中国古代农具》，中国商业出版社，2015 年。

［11］赵丙祥：《民居习俗》，中国社会出版社，2006 年。

［12］韩霞：《村落》，中国商业出版社，2015 年。

［13］刘沛林：《风水——中国人的环境观》，上海三联书店，2005 年。

［14］山东省地方史志编纂委员会编：《山东省志·民俗志》，山东人民出版社，1996 年。

［15］荣成市民俗协会、荣成市报社编：《荣成民俗》，山东画报出版社，1997 年。

［16］刘黎明：《祠堂·灵牌·家谱——中国传统血缘亲族习俗》，四川人民出版社，2003 年。

［17］冯尔康：《中国古代的宗族和祠堂》，商务印书馆，2013 年。

［18］王景科、邹圣因：《中国传统节日诗词鉴赏》，山东友谊出版社，1994 年。

［19］张勃、荣新：《中国民俗通志·节日志》，山东教育出版社，2007 年。

[20] 李智才：《东明民俗》，中国文史出版社，1999年。
[21] 刘曙升：《沂源民俗》，人民日报出版社，2002年。
[22] 孙峰华、魏晓：《民居》，山东友谊出版社，2004年。
[23] 姜波、田禾、李万鹏：《山东居住民俗》，济南出版社，2006年。
[24] 张久深、范慧宇：《东莱风情录》，青岛海洋大学出版社，1995年。
[25] 田传江：《红山峪村民俗志》，辽宁文化艺术印象出版社，1999年。
[26] 王君政、王振山：《安丘市王家庄镇民俗志》，2005年。
[27] 常建华：《岁时节日里的中国》，中华书局，2006年。
[28] 缪启愉、缪桂龙：《农书译注》，齐鲁书社，2009年。
[29] 宋兆麟、高可：《中国民族民俗文物辞典》，山西人民出版社，2004年。
[30] 周昕：《中国农具通史》，山东科学技术出版社，2010年。
[31] 刘森林：《中国陈设——传统民居室内设计》，上海大学出版社，2006年。
[32] 王学泰：《中国饮食文化史》，广西师范大学出版社，2006年。
[33] 孙机：《中国古代物质文化》，中华书局，2014年。
[34] 钟敬文：《民俗学概论》，上海文艺出版社，1998年。
[35] 齐涛：《中国民俗史论》，河南大学出版社，1992年。
[36] 乌丙安：《中国民俗学》，辽宁大学出版社，1999年。
[37] 苑继平：《枣庄民俗》，青岛出版社，2006年。
[38] 郭广海、辛明亮、孔勇、王广星：《济宁民俗》，中国文史出版社，2003年。
[39] 王力：《中国古代文化常识》，世界图书出版公司，2009年。
[40] 郑军、乌琨：《民间手工艺术·山东卷》，北京工艺美术出版社，2007年。
[41] 张从军：《图说山东民俗》，山东美术出版社，2014年。
[42] 李露露：《中国节——图说民间传统节日》，福建人民出版社，2006年。
[43] 宋兆麟、高可：《中国民族民俗文物辞典》，山西人民出版社，2004年。
[44] 国家计量总局、中国历史博物馆、故宫博物院主编：《中国古代度量衡图集》，文物出版社，1981年。

二、论文

[1] 曲洪祎：《青州井塘村居住民俗调查报告》，《民俗研究》2004年第1期。
[2] 向静：《门神的起源与流变——基于民俗文化生态下的门神造型研究》，《民

族艺术研究》2011 年第 6 期。
[3] 徐碧波：《论中国传统年画中门神形象的形成与发展》，《民族论坛》2007 年第 9 期。
[4] 周燕玲：《略论中国门神的演绎》，《艺术·生活》2007 年第 2 期。
[5] 戴欣佚：《中国民间门神崇拜源流初探》，《金陵科技学院学报（社会科学版）》2005 年第 4 期。
[6] 秦荣艳：《聂家庄和曾经的“庙”》，《民俗研究》2005 年第 1 期。
[7] 陆元鼎：《中国民居研究现状》，《南方建筑》1997 年第 1 期。
[8] 周昕：《“簸箕”小考》，《农业考古》2001 年第 3 期。
[9] 吴绪银：《山东人力农具四大件：锄镰锨镢（一）》，《民俗研究》1991 年第 1 期。
[10] 吴绪银：《山东人力农具四大件：锄镰锨镢（二）》，《民俗研究》1991 年第 2 期。
[11] 吴绪银：《山东人力农具四大件：锄镰锨镢（三）》，《民俗研究》1991 年第 3 期。
[12] 吴绪银：《山东人力农具四大件：锄镰锨镢（四）》，《民俗研究》1991 年第 4 期。
[13] 田传江：《锄——红山峪村农具民俗之一》，《民俗研究》2001 年第 4 期。
[14] 吴伟军：《锄的演变及其启示》，《湖南城市学院学报》2003 年第 2 期。
[15] 赵屹：《传统农具考察——平原地区锄的构造与使用》，《设计艺术》2004 年第 2 期。
[16] 张量、王守仁：《杵臼刍议》，《农业考古》1986 年第 2 期。
[17] 赵蓬：《古代谷物加工器具之传承》，《农业考古》2014 年第 6 期。
[18] 宋兆麟：《史前食物的加工技术——论磨具与杵臼的起源》，《农业考古》1997 年第 3 期。
[19] 胡晓建：《中国传统粮食加工工具的沿革及特点》，《中国历史博物馆馆刊》1994 年第 1 期。
[20] 周亚辉：《“独轮车”与“木牛流马”》，《装饰》第 2010 年第 9 期。
[21] 杜朝晖：《“鹿车”称名考》，《中国典籍与文化》2011 年第 4 期。
[22] 湛友芳：《独轮车漫谈》，《四川文物》1994 年第 5 期。

[23] 李立新：《鹿车考析》，《民族艺术》2010 年第 3 期。
[24] 谭良啸：《木牛流马考辨》，《社会科学》1984 年第 2 期。
[25] 刘仙洲：《我国独轮车的创始时期应上推到西汉晚年》，《文物》1964 年第 6 期。
[26] 史树青：《有关汉代独轮车的几个问题》，《文物》1964 年第 6 期。
[27] 季曙行：《“石犁”辨析》，《农业考古》1987 年第 2 期。
[28] 牛慧娜：《汉朝的农具》，《历史学习》2007 年第 10 期。
[29] 杨生民：《汉代与魏晋南北朝犁演变的考察》，《江西师范大学学报》2002 年第 3 期。
[30] 鲁才全：《汉唐之间的牛耕和犁耙耱耧》，《武汉大学学报（哲学社会科学版）》1980 年第 6 期。
[31] 潘伟：《遍野连枷声气扬　天工开物几星霜》，《三月风》2011 年第 5 期。
[32] 尤明庆：《打连枷的动作说明》，《力学与实践》2014 年第 1 期。
[33] 刘兴林：《对中国古代粮食加工技术发展的认识和思考》，《中国经济史研究》1993 年第 3 期。
[34] 张春秀：《农具枷的发展演变》，《农业考古》2012 年第 1 期。
[35] 李崇州：《我国古代北方的脱粒工具》，《农业考古》1984 年第 2 期。
[36] 廖晨晨：《中国古代连枷设计刍议》，《南京艺术学院学报（美术与设计版）》2014 年第 6 期。
[37] 周昕：《“推镰”初考》，《农业考古》2001 年第 1 期。
[38] 周昕：《传统农具漫话（二则）》，2006 年第 4 期。
[39] 李三谋：《古代壁画中的三晋耧犁》，《当代农机》2010 年 12 期。
[40] 惠富平：《古代动力能源——畜力》，《生命世界》2014 年 10 期。
[41] 周昕：《耧车初考》，《中国农史》2001 年第 3 期。
[42] 龙吉泽：《农具史话：耒耜、耧车》，《时代农机》2015 年第 3 期。
[43] 要向婧：《浅析山西晋南汉代农具“耧车”及其设计价值》，《美术教育研究》2014 年第 21 期。
[44] 杨晰智：《山东汉画像石刻中农耕图像的研究》，《安徽农业科学》2015 年第 13 期。
[45] 曾雄生：《下粪耧种发明于宋代》，《中国科技史杂志》2005 年第 3 期。

[46] 李干、周祉征：《元代的农具》，《中南民族学院学报（自然科学版）》1996年第2期。
[47] 娄婧婧、唐立华：《中原地区传统农具设计之美》，《湖南农机》2012年第11期。
[48] 闵宗殿：《康熙〈耕织图·碌碡〉考辨》，《古今农业》1993年第4期。
[49] 史宏云：《楼璹〈耕织图〉及摹本农耕科技研究》，《科学技术哲学研究》2012年第3期。
[50] 武善爱：《沂蒙碌碡》，《中华吉祥文化与和谐社会建设学术研讨会暨山东省民俗学会2007年学术年会论文集》。
[51] 李趁友：《汉代的辘轳及其发展》，《农业考古》1984年第1期。
[52] 王婷：《汉代水井的考古学研究》，《农业考古》2013年第6期。
[53] 王孝全：《论古典诗词中的"辘轳"意象》，《文山学院学报》2014年第2期。
[54] 张明山：《明代汲水器具设计审美研究》，《包装工程》2014年第6期。
[55] 熊伟：《浅析辘轳的设计及传承》，《陶瓷科学与艺术》2010年第2期。
[56] 史晓雷、张柏春：《我国单曲柄辘轳普遍应用的年代考》，《农业考古》2010年第4期。
[57] 王双怀：《中国古代的水利设施及其特征》，《陕西师范大学学报（哲学社会科学版）》2010年第2期。
[58] 赵屹：《传统石磨制作工艺调查》，《设计艺术（山东工艺美术学院学报）》2009年第2期。
[59] 陈民新：《石磨的形制与审美文化价值》，《美术大观》2011年第4期。
[60] 卫斯：《我国圆形石磨起源历史初探》，《中国农史》1987年第1期。
[61] 杨宝成：《先秦时期的木质农具》，《农业考古》1989年第1期。
[62] 吴绪银：《山东近代犁耕浅析——从山东农具调查说起，也论古耒、耜、耦、及今之农机化》，《民俗研究》1992年第4期。
[63] 陈文华：《试论我国传统农业工具的历史地位》，《农业考古》1984年第1期。
[64] 史晓雷：《风扇车的年代疑案》，《百科知识》2012年第15期。
[65] 张正涛：《汉晋时期的粮食加工机械》，《中国历史博物馆馆刊》1989年第00期。
[66] 顾永杰、史晓雷：《河南博物院藏早期粮食加工器具研究（上）》，《文物

鉴定与鉴赏》2014 年第 8 期。
[67] 顾永杰、史晓雷：《河南博物院藏早期粮食加工器具研究（下）》，《文物鉴定与鉴赏》2014 年第 9 期。
[68] 史晓雷：《山西太原居贤观明代壁画中的风扇车》，《文物世界》2015 年第 3 期。
[69] 史晓雷：《王祯〈农书〉中的“飏扇”新解》，《中国农史》2011 年第 3 期。
[70] 张子文：《中国风扇车的起源与发展》，《中国农史》1982 年第 2 期。
[71] 张鸷忠：《中国风扇车小考》，《农业考古》1988 年第 2 期。
[72] 黄兴：《中国古代扇车类型考察与性能研究》，《中国农史》2013 年第 2 期。
[73] 王星光、柴国生：《中国古代足踏式风扇车考释与复原》，《中国科技史杂志》2011 年第 4 期。
[74] 刘玥：《汉代“大车”考辨》，《长江大学学报（社科版）》2013 年第 2 期。
[75] 刘建哲：《浅析宋代造车技术停滞发展的原因》，《赤峰学院学报（汉文哲学社会科学版）》2015 年第 11 期。
[76] 周礼：《中国古代三轮车和四轮车的类型及用途》，《广西民族大学学报（自然科学版）》2013 年第 4 期。
[77] 梁中效：《诸葛亮的木牛流马文化——立足于唐宋诗词的考察》，《成都大学学报（社会科学版）》2014 年第 6 期。
[78] 秦炳贞：《山东方志所见岁时饮食习俗的文化解读》，《民俗研究》2010 年第 3 期。
[79] 赵建民：《我国民间节庆吉祥食品的符号功能与商品学意义》，《中华吉祥文化与和谐社会建设学术研讨会暨山东省民俗学会 2007 年学术年会论文集》。
[80] 郑一民：《春节考述》，《中华文化画报》2008 年第 2 期。
[81] 高丙中：《端午节的源流与意义》，《民间文化论坛》2004 年第 5 期。
[82] 孙家骅：《宋代的粽子》，《农业考古》1989 年第 2 期。
[83] 李然：《秃尾巴老李与山东节日习俗》，《节日研究》2010 年第 1 期。
[84] 聂凤乔：《中国的粽子与粽子文化》，《食品与生活》1994 年第 3 期。
[85] 周星：《饺子：民俗食品、礼仪食品与“国民食品”》，《民间文化论坛》2007 年第 1 期。
[86] 韩大强：《论春节仪式中符号元素的文化意蕴——以春联、门神为例》，《信

阳师范学院学报（哲学社会科学版）》2014年第5期。
[87] 刘丽华：《春联考论》，《兰台世界》2011年第3期。
[88] 栾伟莉：《山东高密传统民间剪纸——窗花》，《美术大观》1997年第4期。
[89] 张帅：《讲礼·传承·再造——山东省淄博市淄川区罗村镇洼子村春节习俗调查》，《节日研究》2014年第1期。
[90] 于晓雨：《当代胶东农村的宗族习俗考察——以山东文登于氏宗族春节祭祖为个案》，《神州民俗（通俗版）》2014年第4期。
[91] 江玉祥：《元宵节俗》，《文史杂志》2012年第2期。
[92] 陈佳：《文史视野下的元宵节俗》，《湖北经济学院学报（人文社会科学版）》2008年第12期。
[93] 张福生：《临朐铁花》，《民俗研究》1989年第1期。
[94] 林继富：《紫姑信仰流变研究》，《长江大学学报（社会科学版）》2008年第1期。
[95] 王赛时：《唐代的寒食风俗》，《民俗研究》1990年第3期。
[96] 庞朴：《寒食考》，《民俗研究》1990年第4期。
[97] 马知遥：《寒食、清明的人文传播和现代传承——以山东当地清明节习俗为例》，《2011年清明（寒食）文化的多样与保护——中国传统节日（清明·寒食）论坛文集续编》。
[98] 江玉祥：《中秋节的民俗事象》，《文史杂志》2011年第5期。
[99] 江玉祥：《中国人过中秋节的历史》，《文史杂志》2010年第5期。
[100] 鲍家虎：《兔神考》，《民俗研究》1986年第2期。
[101] 张海楠：《春节民俗源流考》，《甘肃广播电视大学学报》2012年第4期。
[102] 吕伟达：《山东年节食俗初探》，《民俗研究》1991年第4期。
[103] 李现红：《从祭灶时间的确立看灶神信仰文化的变迁》，《民俗研究》2012年第3期。
[104] 金银：《探析灶神文化流传异变的原因》，《柳州职业技术学院学报》2012年第5期。
[105] 萧放：《醉司命——祀灶与民间信仰》，《文史知识》2001年第2期。
[106] 江玉祥：《此是人间祭灶时》，《文史杂志》2016年第1期。
[107] 陈绍军：《从我国小麦、面食及其加工工具的发展历史试谈馒头的起源问

题》，《农业考古》1994 年第 1 期。

[108] 唐家路：《山东莱州面花》，《设计艺术》2005 年第 3 期。

[109] 李瑛：《朴素而天下莫能与之争——记胶东王哥庄面花艺术》，《艺苑》2015 年第 5 期。

[110] 鞠虹：《胶东“饽饽”的民俗功能》，《寻根》2012 年第 4 期。

[111] 杨爱霞：《高密扑灰年画——〈财神〉造型艺术研究》，《美与时代（下）》2011 年第 10 期。

[112] 杨爱霞：《高密扑灰年画——〈家堂〉艺术研究》，《美与时代（下）》2011 年第 9 期。

[113] 王娜：《高密扑灰年画》，《东方收藏》2012 年第 2 期。

[114] 伍晴晴：《中国农业博物馆藏高密“家堂”扑灰年画的初步研究》，《北京民俗论丛》，2013 年第 00 期。

[115] 焦宝：《高密扑灰年画：社会文化人类学的关键词》，《潍坊学院学报》2010 年第 5 期。

[116] 李凡：《高密聂家庄泥塑调查报告》，《民俗研究》2006 年第 4 期。

[117] 李伟峰：《杨家埠年画店传统商贸习俗调查》，《民俗研究》2002 年第 4 期。

[118] 秦文贞：《杨家埠木版年画渊源探讨》，《潍坊学院学报》2002 年第 3 期。

[119] 张剑、任韶华、晓秋：《春节话年画——山东杨家埠的木版年画》，《文明》2003 年第 2 期。

[120] 张基振：《潍坊风筝论考》，《体育文化导刊》2016 年第 2 期。

[121] 秦文贞：《论潍坊风筝文化的传承和发展》，《潍坊学院学报》2011 年第 2 期。

[122] 党明德、谢婕：《潍坊风筝的传承方式及代表人物》，《民俗研究》2007 年第 3 期。

[123] 韩素娟：《鄄城谢家砖塑艺术与祠堂建筑研究》，《美与时代（城市版）》2016 年第 1 期。

[124] 韩素娟：《鄄城谢家砖塑与鲁西南民居》，《大众文艺》2015 年第 21 期。

[125] 秦海滢：《明清时期山东宗族与祠堂发展》，《明史研究》，2007 年第 00 期。

[126] 郑斐等：《绿色校园景观建筑设计实例——以山东建筑大学“岱岳一居”设计为例》，《山东建筑大学学报》2013 年第 6 期。

三、学位论文

[1] 曲洪祎：《胶东火炕民俗调查研究——以龙口常伦庄为例》，2004 年山东大学硕士学位论文。

[2] 陈岩：《鲁西南村名及其区域分布分析》，2004 年北京语言大学硕士学位论文。

[3] 桑永亮：《齐鲁地区村落住宅的功能及形式布局研究》，2011 年湖北工业大学硕士学位论文。

[4] 吴晓林：《荣成海草房实地调查及其形式美研究》，2008 年山东大学硕士学位论文。

[5] 颜廷花：《山东省临沂村名的语言文化研究》，2014 年山东师范大学硕士学位论文。

[6] 张明山：《明代农具设计研究》，2014 年南京艺术学院博士学位论文。

[7] 陈艳静：《〈王祯农书·农器图谱〉古农具词研究》，2011 年青海师范大学硕士学位论文。

[8] 潘景果：《论中原农具造型演变的研究》，2009 年江南大学专业硕士学位论文。

[9] 娄婧婧：《中原地区传统典型木质农耕器具研究》，2013 年中南林业科技大学硕士学位论文。

[10] 赵静：《临沭柳编手工艺型格研究》，2015 年中国艺术研究院博士学位论文。

[11] 曾慧芳：《中国古代石磨盘研究》，2012 年西北农林科技大学硕士学位论文。

[12] 邓白云：《中国民用杠杆工具中的传统造物智慧研究》，2011 年汕头大学硕士学位论文。

[13] 王雷：《豫西传统农具考察报告》，2010 年中央美术学院硕士学位论文。

[14] 董守贤：《汉代铁质农具研究》，2010 年郑州大学硕士学位论文。

[15] 杨向春：《唐代的耕牛与牛耕》，2010 年陕西师范大学硕士学位论文。

[16] 廖敏：《中国古代农具命名研究》，2009 年西南大学硕士学位论文。

[17] 朱洪启：《二十世纪华北农具、水井的社会经济透视》，2004 年南京农业大学博士学位论文。

[18] 王双生：《汉代画像石中的庖厨图研究》，2012 年东北师范大学硕士学

位论文。
[19] 解丹：《清殿版〈御制耕织图〉研究》，2015 年西安美术学院博士学位论文。
[20] 李政：《山东方志岁时民俗的文化解读》，2009 年山东大学硕士学位论文。
[21] 童彦婷：《图必有意　意必吉祥——中国传统春节图形符号研究》，2013 年武汉理工大学博士学位论文。
[22] 郑余：《中国传统节日的视觉符号整理研究》，2015 年安徽工程大学硕士学位论文。
[23] 王文：《近代山东节日习俗与社会变迁研究》，2015 年山东师范大学硕士学位论文。
[24] 张馨文：《元明清春节习俗研究》，2010 年中山大学硕士学位论文。
[25] 屈万青：《中国传统节日与节令诗》，2005 年华中师范大学硕士学位论文。
[26] 黄浩：《“二月二”传统节日研究》，2010 年中南民族大学硕士学位论文。
[27] 章洁：《春节文化符号的再设计研究》，2008 年江南大学硕士学位论文。
[28] 孙伟：《端午节的当下走向——端午节的活动设计与开发》，2009 年华东师范大学硕士学位论文。
[29] 温文成：《烟台长岛县端午节民俗剪纸调查与研究》，2015 年鲁东大学硕士学位论文。
[30] 强忠华：《宋代火药应用研究》，2009 年上海师范大学硕士学位论文。
[31] 王伟娜：《影与宗族：以山东莱州海庙姜家村为中心——兼及山东家堂的区域性比较》，2015 年山东大学硕士学位论文。
[32] 尤罂颖：《中国灯彩艺术研究》，2009 年西安理工大学硕士学位论文。
[33] 陈勤学：《中国传统节日春节的视觉符号研究》，2011 年苏州大学硕士学位论文。
[34] 刘霞：《山东莒县过门笺保护传承与开发研究》，2014 年山东大学硕士学位论文。
[35] 王雯雯：《试论烟台民间剪纸艺术及其传承、保护与发展》，2013 年山东大学硕士学位论文。
[36] 张基振：《文化视野中民间体育的保护、传承与发展——以潍坊风筝为表述对象的实证研究》，2008 年上海体育学院博士学位论文。
[37] 牛泽耕：《中国民间工艺月饼模子及图案纹样的研究》，2010 年长春工业大

学硕士学位论文。
[38] 倪书一：《宋代中秋词研究》，2009年延边大学硕士学位论文。
[39] 董建春：《中秋文化探究》，2007年中央民族大学硕士学位论文。
[40] 席宇：《淮阳人祖庙会与泥泥狗的现状调查及其保护性研究》，2008年中国艺术研究院硕士学位论文。
[41] 夏红芳：《山东威海剪纸艺术研究》，2007年山东大学硕士学位论文。
[42] 冯琳：《胶东地区民间面花艺术与保护》，2009年山东大学硕士学位论文。
[43] 苗晟：《山东民间面塑艺术的传承与发展》，2010年山东大学硕士学位论文。
[44] 张丽娟：《民俗信仰视角下的胶东花饽饽视觉形象研究》，2013年重庆大学硕士学位论文。
[45] 吕树倩：《山东胶东“花饽饽”传统工艺文化的聆听与对话》，2013年湖南师范大学硕士学位论文。
[46] 孙崇凯：《烟台面塑艺术调查与研究》，2014年鲁东大学硕士学位论文。
[47] 秦丽楠：《招远地区面花民俗造型研究》，2015年沈阳大学硕士学位论文。
[48] 温鑫：《高密扑灰年画视觉图形研究》，2011年苏州大学硕士学位论文。
[49] 张欣：《扑灰年画符号的形式与意义研究》，2014年广东工业大学硕士学位论文。
[50] 崔研因：《聂家庄泥塑工艺调查与研究》，2010年山东工艺美术学院硕士学位论文。
[51] 翟蕾蕾：《“形声并茂，拙中秀灵”——山东高密泥彩塑艺术研究》，2012年西安美术学院硕士学位论文。
[52] 李炎：《存在——传统鲁锦艺术的当代设计转换》，2014年山东工艺美术学院硕士学位论文。
[53] 郜冬萍：《鲁锦中的民俗观念——以山东鄄城鲁锦为个案》，2006年西北民族大学硕士学位论文。
[54] 李锐：《鲁锦织造技艺的传承与发展研究》，2010年山东大学硕士学位论文。
[55] 宋法强：《鲁锦的传承及其工艺优化研究》，2010年青岛大学硕士学位论文。
[56] 曹晓飞：《杨家埠木版年画考》，2005年福建师范大学硕士学位论文。
[57] 孙琳：《杨家埠“同顺德”年画作坊研究》，2013年浙江理工大学硕士学位论文。

[58] 李蔚倩：《试析杨家埠木版年画的形式特征》，2009 年山东师范大学硕士学位论文。
[59] 郑倩倩：《齐鲁杨家埠年画灶王形象研究》，2015 年江南大学硕士学位论文。
[60] 李瑛：《论潍坊风筝的造型及艺术特性》，2010 年西安美术学院硕士学位论文。
[61] 鞠盈盈：《潍坊风筝研究》，2007 年华南师范大学硕士学位论文。
[62] 高曼：《潍坊风筝艺术风格研究》，2012 年沈阳建筑大学硕士学位论文。
[63] 贾丽明：《剪与折——中日纸艺文化比较研究》，2014 年鲁东大学硕士学位论文。
[64] 张保玉：《山东民间剪纸的构成与造型特点探究》，2009 年山东师范大学硕士学位论文。
[65] 刘晓东：《沂蒙民间剪纸艺术及其溯源考》，2005 年西南师范大学硕士学位论文。
[66] 王雯雯：《试论烟台民间剪纸艺术及其传承、保护与发展》，2013 年山东大学硕士学位论文。
[67] 郜翠平：《记忆与口述：山东鄄城谢家砖塑的艺术特色探究》，2011 年西北民族大学硕士学位论文。
[68] 李为：《杨洛书木版年画研究》，2011 年山东工艺美术学院硕士学位论文。
[69] 龚晨：《汉代墓室壁画色彩研究》，2015 年上海大学博士学位论文。
[70] 曹庆芝：《山东潍坊传统风筝工艺的保护和开发研究》，2009 年赣南师范学院硕士学位论文。

后 记

时光荏苒，岁月蹉跎。转眼间我已经在山东建筑大学工作了12年。曾经在充满历史沧桑感的建大老校区公教楼上课，也曾面对几近荒芜的建大新校区兴叹。而今的建大新校区不仅景色优美，而且校园文化更具历史底蕴，建大新校成为莘莘学子的归属之地。我从初出校门的青年步入上有老下有小的中年，人生最美好的时光留在了建大，人生轨迹亦与建大的发展重合，身心俱打上了建大的烙印。12年来我以建大为家，未来的20多年亦如是。在山东建筑大学60华诞之际，我能承担校庆系列丛书的写作，感到荣幸之至。

本书以山东建筑大学山东乡情展馆为切入点，依据其中的展陈设章立节，并落脚于山东独特的地域文化。其内容深入浅出，通俗易懂，试图以图文并茂的形式唤起人们对远去生活的记忆。余光中诗云“乡愁是一枚小小的邮票”，那么让我们以本书作为写给过去的一封书信，贴上乡愁这枚小小的“邮票”，寄去我们心中对远去生活的怀念。如果读完本书，能让您心中荡起一点回忆的涟漪，那么本书的写作目的就达到了。

对于本书的出版，要感谢学校党委王崇杰书记、韩锋副书记给予我的信任，王书记于繁忙的事务中反复审阅了本书的初稿，并为本书的修改提出了指导性意见。感谢宣传部刘运动部长、组织部杨赟部长、宣传部徐少芳副部长，他们在本书的写作过程中给予了大力支持与协助。感谢建筑城规学院金文妍老师提供的珍贵的调研资料，还要感谢马克思主义学院张鹏副院长及山东大学刁统菊副教授对我的帮助。感谢我的学生郭晓宁、史天思、姜楠，他们同样为本书做了大量工作。感谢本书的责任编辑马洁女士及编辑张卫玲女士的指教与付出。最后要感谢我的家人，感谢他们的理解与支持，让我没有后顾之忧，完成本书的写作。感谢女儿那么乖巧懂事，感谢儿子呱呱坠地给家里带来了欢乐，一见到他们，写作过程中的疲惫全都抛到九霄云外。

曲洪祎

2016年10月

图书在版编目（CIP）数据

记住乡愁 ： 山东乡情展馆 / 曲洪祎编著. -- 济南 ：
山东人民出版社，2016.12
（建大博物馆文化系列丛书）
ISBN 978-7-209-10099-1

Ⅰ. ①记… Ⅱ. ①曲… Ⅲ. ①地方文化—介绍—山东
Ⅳ. ①K295.2

中国版本图书馆CIP数据核字(2016)第309365号

记住乡愁
——山东乡情展馆
曲洪祎　编著

主管部门　山东出版传媒股份有限公司
出版发行　山东人民出版社
社　　址　济南市胜利大街39号
邮　　编　250001
电　　话　总编室（0531）82098914
　　　　　市场部（0531）82098027
网　　址　http://www.sd-book.com.cn
印　　装　济南鲁艺彩印有限公司
经　　销　新华书店

规　　格　16开（185mm×248mm）
印　　张　14.5
字　　数　260千字
版　　次　2016年12月第1版
印　　次　2016年12月第1次
印　　数　1—2300
ISBN 978-7-209-10099-1
定　　价　48.00元